C=O
NH2
CH3-CH2-CH2-CH3
CH3-COOH
NO2
Al(OH)3 → Al2O3 + 3H2O
CH3C=O
NH2
CN
CN

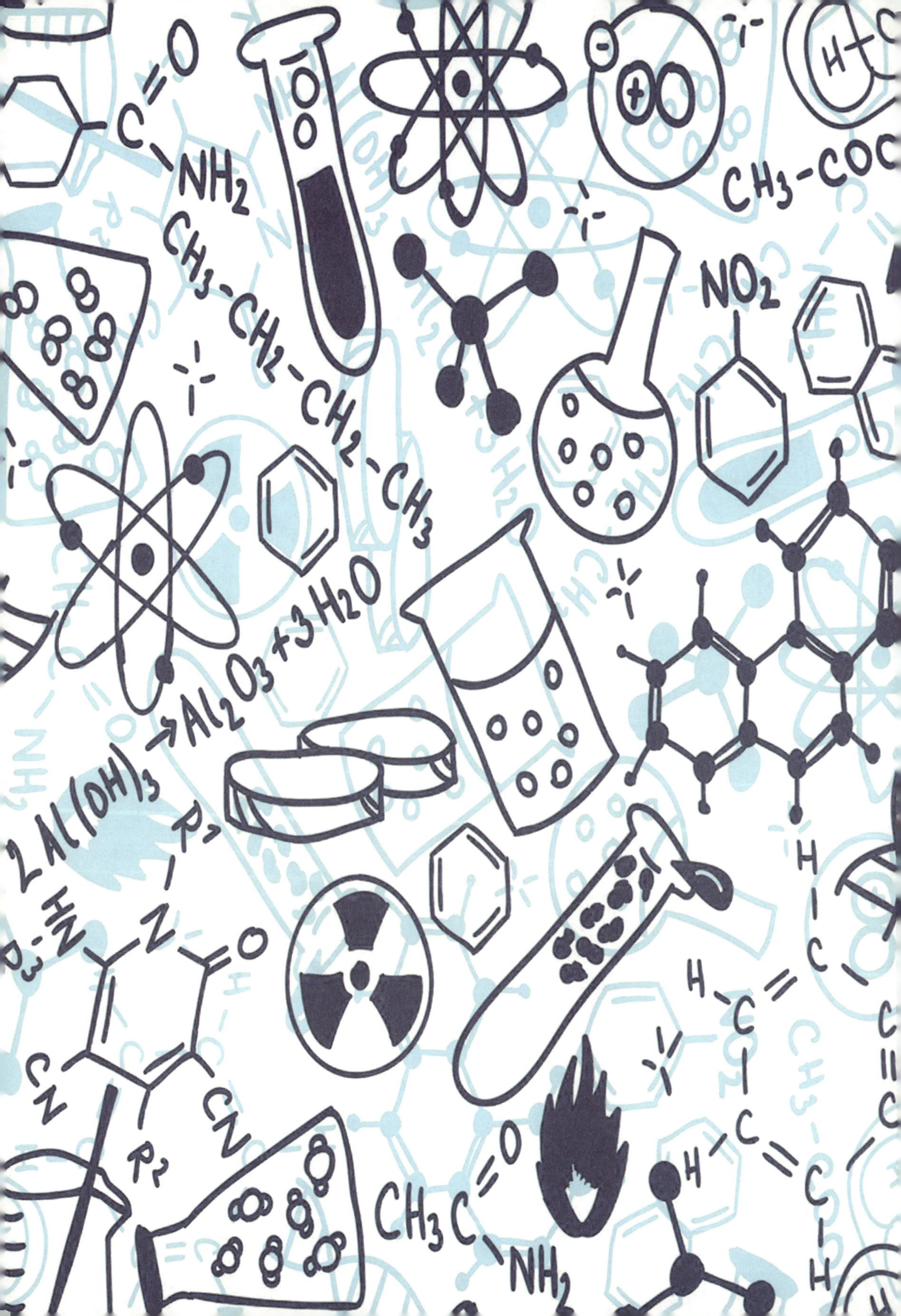
C=O
NH2
CH3-CH2-CH2-CH3
CH3-COC
NO2
2Al(OH)3→Al2O3+3H2O
HN
N
R1
R3
R2
CN
CN
CH3C=O
NH2

공룡시대와 생명의 신비

대한과학진흥회 엮음

스완미디어
SWAN MEDIA

책 머리에

오늘날 우리들은 고도로 발달된 과학 문명의 혜택 속에 살고 있습니다.

우리의 선진 조국 창조를 위해 무엇보다 중요한 것이 과학기술의 개발입니다. 특히 자원이 부족한 우리나라에서 가꾸어야 할 유일한 자원은 과학 기술로 무장한 풍부한 인력 자원입니다.

대한 과학 진흥회에서는 배우는 학생들을 위해 사물을 깊이 관찰하는 습관과 합리적이고 창의적인 과학적 사고를 심어 주기 위한 방법의 하나로 과학 문고를 엮어 내고 있습니다.

과학 문고를 펴냄에 있어서 딱딱한 과학지식을 그림을 곁들여 쉽고 재미있게 이야기로 풀어 써서 학생들이 스스로 원리를 발견하고 재미를 느끼게 함으로써 과학의 여러 분야에 대하여 흥미를 갖고 접근할 수 있도록 하였습니다.

이 책과 더불어 많은 학생들이 과학에 깊은 관심을 갖고 탐구심과 창의력을 기르며 과학을 생활화 할 줄 아는 사람이 되는데 많은 도움이 되었으면 하고 바라는 마음 간절합니다.

기획편찬 **대한과학진흥회**

차례

신비한 생명의 역사

지구는 약 46억년 전에 태양계로부터 탄생되었다고 과학자들은 말한다.

그 당시의 지구는 오늘날의 지구와는 매우 달라서 생명체가 전혀 없었다.

그러나 점차 지구의 상태가 달라짐에 따라서 35억년 전쯤 이 지구에도 아주 작고 단순한 생명체가 나타나게 되었다.

이 단순한 생명체는 오랜 세월에 걸쳐 지구상의 여러 가지 조건 즉, 온도, 화학 물질의 종류, 에너지원 등이 변함으로써 나타난 결과라고 한다.

현재 지구에 살고 있는 생물의 세계는 매우 무궁무진해서 지금까지 알려진 것만 해도 식물이 약 50만 종, 동물이 약 1백20만 종이나 된다.

동물의 경우만 해도 몸이 세포 하나로 된 아메바나 짚신벌레 등의 원생 생물에서부터 개나 원숭이 같이 아주 많은 수의 세포들로 이루어진 복잡한 동물에 이르기까지 그 종

류는 이루 형언할 수 없을 정도이다.

그렇다면 이와 같은 생물의 각 종은 어디에서부터 시작된 것일까?

생명의 기원에 대한 이러한 궁금증은 옛부터 지금까지 계속되어 오고 있다.

옛날에는 각각의 모든 생명체들을 창조주 하나님이 따로따로 창조하신 이후 변하지 않은 것이라고 생각한 사람들이 많았다. 이와 같은 생각을 하는 사람들은 오늘날에도 적지 않다.

그러나 이런 생각은 확실히 과학적인 생각이라고 할 수는 없을 것이다.

사람들은 19세기 후반에 이르러서야 생물이 진화한다는 사실을 알게 되었는데, 이 진화설이 알려짐에 따라 막연하게나마 생명의 기원을 이해하고 설명하게 되었다.

이 진화설을 따라 우리도 지구상의 생명의 기원과 그 역사를 살펴보자.

생명의 다양성

아무리 곤충 채집을 잘 하지 못하는 어린이라 할지라도 남아메리카 열대림 속에서 하루 동안을 보내면 집안을 가득 채울 수 있는 수백 가지의 서로 다른 작은 생물들을 채집할 수 있을 것이다. 나방류, 거미류, 딱정벌레류, 말벌처럼 위장한 독없는 나비류, 개미같이 생긴 말벌류, 걷는 대벌레류, 날개를 펴며 날아다니는 잎벌레류 등등.

이들 중 아직 과학적으로 밝혀지지 않은 변종도 틀림없이 있을 것이며, 전문가들조차도 이것을 밝혀내기는 무척 어려울만큼 다양하다.

정글은 지구상의 어느 곳보다도 풍부하고 다양한 동식물군이 모여 있는 곳이다. 그곳은 원숭이류, 설치류, 거미류, 벌새류, 나비류 등의 주요한 생물군이 서식할 뿐만 아니라 그것들의 생김새 역시 다양하다. 앵무새는 40여 종, 원숭이는 780여 종, 벌새는 1백여 종, 나비는 수만 종이나 된다.

1832년, 24세의 영국 청년인 찰스 다윈은 브라질을 방문했다.

다윈은 런던의 해군성에서 파견한 탐험선 비글호에 박물학자로서 탑승하고 있었는데, 그곳에서 하루만에 무려 68종의 작은 딱정벌레류를 채집하고는 그 엄청난 다양성에 깜짝 놀랐다.

그로부터 3년 후, 비글 호는 갈라파고스 제도에 도착했다. 이 제도는 에쿠아도르 연안에서 1천 킬로미터 떨어진 곳이다. 다윈은 그곳의 동물이 대체로 남아메리카 대륙의 동물과 비슷하나 세부적인 면에서는 다르다는 것을 발견했다.

검은 깃과 긴 목을 자랑하며 자맥질하는 이 섬의 가마우지는 언뜻 보아서는 브라질의 가마우지와 거의 비슷했다. 그러나 갈라파고스의 가마우지는 날개가 작고 깃털이 덜 발달된 편이어서 날지를 못했다. 그리고 등에 비늘볏이 돋아난 큰 도마뱀인 이구아나도 달랐다.

본토의 이구아나는 나무에 기어올라가 잎을 뜯어 먹는데, 이 섬에는 육상 식물이 드물어 어떤 이구아나는 바닷말을 뜯어 먹었다.

바닷말을 뜯어 먹는 이구아나는 길고 억센 발톱을 가지고 있었으며 파도가 세차게 밀어닥치는 바위 위에 달라붙어 있었다.

거북도 거의 비슷하긴 했지만 그 크기가 엄청나게 커서 사람도 탈 수 있을 정도였다. 거북의 생김새도 각 섬마다 조금씩 달랐다. 거북을 보면 그것이 어느 섬에 사는가를 알 수 있을 정도로 차이가 있었다.

물이 넉넉하여 육상 식물이 많이 자라는 지역의 거북은 목 바로 위의 등껍데기 앞쪽 끝 부위가 완만하게 굽어 있

▲ 이구아나

었다.

그러나 물이 거의 없는 지역의 거북은 선인장 줄기나 나뭇잎을 뜯어 먹으며, 등껍데기 앞 부위가 높아서 목을 수직으로 뽑아올릴 수가 있었다.

다윈의 마음 속에 종은 결코 고정된 것이 아니라는 의문이 점점 자라나기 시작했다.

수천년 전, 남아메리카 대륙의 조류나 파충류가 강물에 떠내려가는 식물을 타고 갈 수도 있었을 것이다. 그것들이 해류를 따라 갈라파고스에 도착하고 세대가 바뀌어가며 새로운 환경에 적응하여 마침내 오늘날 존재하는 종들로 변했을 것이다.

처음에는 그 차이가 매우 적었으나 이러한 변화가 수백만년 동안 거듭되어 쌓이면서 중대한 변천이 생겨날 수도 있지 않았을까? 물고기는 어쩌면 근육성 지느러미가 발달하여 땅 위로 올라와 양서류가 되고, 양서류는 방수 피부가 생김으로써 파충류가 되었을지도 모른다.

그러나 이러한 변화들이 어떻게 일어날 수 있는가? 다윈은 이 변화가 자연 선택의 결과라고 주장한다.

다윈의 주장은 다음과 같다.

동일한 종에 속하더라도 각 개체들이 똑같지는 않다. 예를 들어, 큰 거북이 알을 낳았다고 하자. 이 경우, 유전 형질의 차이로 인해, 다른 것들보다 목이 더 긴 새끼거북이

나올 수도 있다. 그런데 그때 심한 가뭄이 닥쳤다면 목이 긴 거북은 높이 달려 있는 잎을 따 먹으며 살아 남겠지만, 목이 짧은 거북들은 굶어 죽을 것이다.

이런 식으로, 환경에 가장 잘 적응한 자가 선택되며, 그 형질을 그들 자손에게 물려줄 수 있을 것이다. 그래서 무수한 세대를 거치는 동안 물이 부족한 섬에 사는 거북의 목은 물이 풍부한 섬에 사는 거북의 목보다 길어질 것이다. 이와 같이 해서 어떤 하나의 종으로부터 새로운 다른 종이 생겨날 수 있을 것이다.

다윈의 자연 선택 이론은 우리가 자연계를 이해하는데 열쇠가 되고 있다.

또한 이 이론을 통해 우리는 지상의 동식물이 지구의 곳곳에서 다음 세대로 이어내려 오면서 겪어 온 변화의 기나긴 역사를 알 수 있을 것이다.

생명의 역사를 알려주는 화석

생명의 역사를 보여주는 증거가, 비록 부분적이긴 하지만 지구의 퇴적암 속에 들어 있다.

대부분 동물은 죽고 나면 살아 있을 당시의 흔적을 남기지 않는다. 살은 썩어 없어지고, 껍데기와 뼈는 부서져 가루가 되어 버리기 때문이다.

그러나 때때로 예외가 생긴다.

예를 들어 파충류가 늪에 빠져 죽었다고 하자. 파충류의 살은 곧 썩지만 뼈는 진흙 속에 남게 된다. 그리고 죽은 식물들이 바닥에 떨어져 그 뼈를 덮어준다.

수백년이 지남에 따라 그 위에 더 많은 식물이 쌓이고, 그 퇴적물은 점차 토탄으로 변한다. 그리고 바다 수위의 변동으로 늪이 물에 잠기고 모래층이 토탄 위에 쌓이게 된다. 시간이 경과할수록 토탄은 더욱 더 압축되어 결국 석탄이 된다.

파충류의 뼈는 그 속에 그대로 남아 있게 되이 마침내 그 뼈는 돌이 된다.

이것이 화석이다.

파충류의 뼈는 비록 돌이 되어버렸지만, 거기에는 살아 있을 당시의 겉모습이 그대로 남는다. 뿐만 아니라, 현미경으로 들여다보면 혈관과 신경계의 모양까지도 볼 수가 있다.

현재 지질학자들은 화학적인 방법으로 암석의 연대를 측정하고 있다. 그러나 과학자가 아닌 누구라도 아주 간단하게 암석의 상대적인 연대를 알아 낼 수 있다. 만일 그 암석이 층을 이루며 쌓여 있고 이 겹겹의 층들이 심하게 뒤틀려 있지만 않다면, 아래층이 위층보다 오래된 것으로 알면

▲ 미국의 그랜드캐년 협곡

틀림없다. 이 지층들을 한 겹씩 뚫고 내려감으로써 생물 역사의 기원에 이르기까지 거슬러 올라갈 수 있게 된다.

육지에서 가장 깊은 대협곡은 미국 서부의 그랜드 캐년이다. 재미있는 것은 이곳의 암석 지층들은 거의가 수평 상태로 누워 있다. 그래서 당나귀를 타고 하루 나절이면 지층의 맨 위에서 밑바닥까지 살펴 볼 수 있는데, 처음 지나게 되는 암석층은 대략 2억년쯤 된 지층이다.

거기엔 포유류나 조류의 화석은 없지만 파충류의 흔적이

있다. 길 옆 사암의 표면을 가로질러 간 작은 발자국의 흔적을 볼 수 있다. 이것은 이 해안을 건너다니던 도마뱀 같은 파충류의 발자국인 것이다. 같은 높이에 위치한 다른 암석에는 고사리 잎이나 곤충의 날개가 새겨진 흔적도 남아 있다.

계곡을 반쯤 내려오면 4억년쯤 된 석회암 층에 이른다. 이 지층에서는 파충류는 보이지 않고 이상한 모양을 한 갑주어의 뼈만이 남아 있다. 그러니까 1억년쯤 더 옛날로 거슬러 가면 척추동물의 흔적은 이제 전혀 찾아 볼 수가 없다. 그 옛날 바다 밑 진흙 갯바닥이었던 곳에는 조개나 벌

▲ 삽엽충 화석

레들의 자취만을 볼 수 있을 뿐이다.

아래로 4분의 3쯤 더 내려가면 그곳은 비록 석회암층이기는 하나, 어느 곳에도 생물의 흔적이라곤 보이지 않는다.

오후 늦게 쯤이면 드디어 콜로라도 강에 도달하게 되는데, 이곳은 암석 연대상으로는 무려 20억년 전에 해당된다.

여기에서 생명의 시초에 대한 증거를 찾을 수 있다는 기대를 가질 수 있지만, 그러나 여기에는 어떤 생물의 화석도 없다.

이 암석층들이 너무 오래된 것들이어서 그 무게에 눌려 화석이 흔적도 없이 뭉개져버린 것은 아닐까? 아니면 벌레류나 조개류가 생명의 최초의 흔적인 것일까? 1950년대에 들어서서 학자들은 고배율의 현미경을 이용하여 그러한 몇몇 수수께끼에 가득찬 암석들을 조사하기에 이르렀다.

그랜드 캐년 동북망 킬로미터 떨어진 슈피리어 호수 연안에서, 콜로라도 강가의 암석들과 거의 같은 연대의 암석들이 발견되었다.

이 암석들 가운데 어떤 것에는 처트라고 불리우는 미립자로 된 부싯돌 같은 물질의 금들이 들어 있었다. 그런데 이상하게도 이 돌에는 군데군데 기묘한 하얀 동심원들이 있었다. 이 동심원들을 절단하여 거의 투명해 보일 정도로

얇게 간 후, 현미경으로 관찰하자 놀랍게도 그 속에 단순한 유기체의 형태가 들어 있는 것이었다. 크기는 모두 100분의 1~200분의 1밀리 크기 정도였다. 어떤 것은 분명히 유기물이긴 하나 생물과 비슷한 점이라곤 전혀 없었다. 또 어떤 것은 지금 살아 있는 것 중 가장 간단한 생물인 박테리아와 비슷했다.

그 당시 대부분의 사람들은 미생물처럼 작은 생물이 화석이 된다는 사실을 믿을 수 없었다. 더군다나 그런 미생물의 흔적이 그토록 긴 세월을 화석 상태 그대로 남아 있다는 것을 도저히 믿을 수가 없었다.

더욱 탐사해 본 결과, 남아프리카의 처트에서도, 또 오스트레일리아의 처트에서도 현미경으로나 볼 수 있는 화석들이 발견되었다. 놀랍게도 이 화석들은 30억년이나 된 것이었다.

그러나 생물의 기원을 제대로 알아보려면 우리들은 이러한 가장 오래된 현미경적인 화석보다도 10억년 이상을 더 위로 거슬러 올라가지 않으면 안 된다.

그 때는 지구상에 생명체가 전혀 없었던 시기이며, 지구가 탄생된 이후 그대로 냉각 상태에 있었던 때였다.

그 때의 지구는 오늘날 우리가 살고 있는 지구와는 모든 면에서 달랐다.

지구를 둘러싸고 있던 수증기의 구름이 모여 바다를 이

루고 있었다. 그리고 그 바다는 뜨거운 채였다.

그 당시, 육지가 어떤 상태로 있었는가를 알 수는 없으나, 오늘날의 대륙과는 그 모양이나 분포가 달랐을 것은 틀림없다. 수도 없이 많은 화산에서 화산재와 용암이 흘러나왔다.

공기는 매우 옅었으며 수소, 일산화탄소, 암모니아, 메탄 등이 소용돌이치고 있었다. 산소도 거의 없었다. 이러한 대기 구성 상태 속에서는 태양의 자외선이 지구 표면을 매우 강렬하게 내리쪼였을 것이다. 그 자외선의 강도는 너무나 강해서 오늘날 지구에 있는 모든 동물들을 모조리 죽일 수 있을 정도였다. 또한 구름 사이에서는 끊임없이 전기 폭풍이 몰아치고 번갯불이 육지와 바다를 내리쳤을 것이다.

1950년대에 매우 중요한 실험이 행해졌다.

최초의 지구를 구성했던 화학적 성분들이 그러한 상태에서 어떠한 변화를 일으켰는가에 대한 실험이었다.

이 실험에서는 앞에서 말했던 기체들을 수증기와 혼합시켜 방전시키면서 자외선을 주입시켰다. 그러자 1주일이 지나 당류, 핵산, 단백질의 구성 재료인 아미노산 등의 분자가 형성되었다.

이것으로 미루어 볼 때, 지구 역사 초기에 이런 분자들이 바다에서 형성될 수 있었으리라는 것을 알 수 있다.

생명체의 탄생

수백만년이 지나는 동안, 이 물질들의 농도가 높아지고 분자들 간에 상호 작용이 더욱 활발해져서 보다 더 복잡한 화합물들이 형성되었다. 또한 운석에 의해서 외계로부터 어떤 성분이 추가되기도 했을 것이다.

이런 상태가 거듭되다가 마침내 여러 가지 물질 중에서 생명체의 탄생에 결정적인 계기를 마련해 준 물질이 나타났다

이것이 바로 데옥시리보핵산으로, 줄여서 DNA라고 부르는 것이다. DNA는 두 가지의 중요한 특성을 지닌다.

첫째, DNA는 아미노산의 합성을 위한 청사진 역할을 할 수 있다.

둘째, 자기 스스로를 복제할 수 있는 능력을 가졌다.

DNA의 등장으로 분자들은 새로운 출발점에 들어섰다. 왜냐 하면 DNA의 이 두 가지 특성은 바로 박테리아와 같은 생명을 가진 유기체의 특성이기도 했기 때문이다.

박테리아는 우리가 알고 있는 가장 단순한 형태일 뿐만 아니라, 우리가 지금까지 발견한 것 가운데 가장 오래된 화석의 하나이다. 박테리아의 어떤 것은 30억년 이상된 것도 있다.

생명의 역사는 너무 오래 되었기 때문에 상상하기조차 힘든다. 현재로서는 생명의 기원이 되는 최초의 생물 화석을 발견할 가망이 거의 없으므로 우리는 대략 30억년 전부터 생명의 역사가 시작되었다고 추측할 수 있다.

박테리아는 처음에는 원시 바다에 수백만년이나 걸려 축적된 여러 가지 탄소화합물을 먹이로 섭취했다. 그러나 그 박테리아가 보다 번성해짐에 따라 먹이는 부족하게 되었다. 이런 상황에서 만약 다른 종류의 먹이를 먹는 박테리아가 나타난다면 그것은 크게 번성할 수 있었을 것이다.

그런데 마침내 그런 박테리아가 생겨났다. 이것들은 주위에 이미 만들어진 먹이 대신 태양의 에너지를 끌어들여 자체의 세포벽 내부에서 스스로 양분을 만들어내기 시작했다. 이 과정을 광합성이라고 부른다.

광합성 과정에서 필요한 성분 중의 하나가 수소인데, 이것은 화산 분출 때 수없이 많이 생성된다.

만약 박테리아가 그들의 수소 공급원을 화산 작용에 의해서만 의존했다면 결국, 수소가 부족하게 되어 널리 번성할 수가 없었을 것이다. 그러나 풍부한 자원인 물로부터 수소를 추출해 낼 수 있는 새로운 종류의 박테리아들이 마침내 생겨났다. 이러한 박테리아가 나타난 것은 그 다음에 생겨날 모든 생물들에게 지대한 영향을 미쳤다. 왜냐 하면 물에서 수소가 빠져나가서 산소가 남게 되었기 때문이다.

이러한 새로운 능력을 가진 생명체들은 먼저의 박테리아보나 구조면에서 조금 더 복잡하며, 남조류라고 불리운다.

이것들은 광합성 과정에서 수분 사용을 가능하게 해 주는 화학 작용 물질을 가지고 있는데 이것이 바로 엽록소이다.

남조류는 습기가 있는 곳이면 어디에서나 항상 볼 수 있다. 은빛 산소 기포를 구슬처럼 수없이 달고 있는 남조류가 연못 밑바닥을 담요처럼 덮고 있는 것이다. 그리고 그들이 생성한 산소는 수천년 간에 걸쳐 축적되어 오늘날처럼 산소가 풍부한 대기를 만들게 되었다. 이처럼 산소가 풍부한 대기 덕분에 사람을 비롯한 모든 동물이 그 생명을 이어나갈 수 있게 되었다

복잡해진 원시 생명체

연못에서 물 한 방울을 떠내서 현미경으로 관찰하면 아주 작은 생물들이 헤엄쳐 다니는 것을 볼 수 있다.

어떤 것은 빙빙 돌고, 어떤 것은 느릿느릿 기어가고 또 어떤 것은 로켓처럼 빠르게 휙 지나간다.

이러한 무리를 통틀어 원생 동물이라고 한다.

이것들 역시 단세포 생물이지만 세포벽 속의 내부 구조는 박테리아의 구조보다 훨씬 복잡하다. 이 원생 동물의 중앙에 있는 핵은 DAN로 가득 차 있는데, 이것이 세포를 조직하는 힘을 가진 것 같다. 또 기다란 모양의 미토콘드리아라는 것이 있는데 이것은 박테리아에서와 마찬가지로 산소를 연소시켜 에너지를 공급해 주는 역할을 한다.

이들 중 어떤 원생 동물은 엽록소의 꾸러미인 엽록체를 갖고 있어서 남조류와 마찬가지로 빛에너지를 이용하여 자신들의 먹이를 만든다.

이 작은 생명체들은 자신들보다 더 단순한 것들이 서로 모여 있는 것처럼 보인다. 어떤 연구가들은 주장하기를 습

관적으로 주변의 무기물질을 먹이로 취해 왔던 원생 생물이 어떤 박테리아나 남조류를 삼켰는데 그것들이 원생 생물의 몸 속에서 소화되지 않고 살아남아 오히려 더욱 친밀한 관계를 유지하며 원생 생물과 함께 공동체를 이루며 살기 시작했을지도 모른다고 말한다. 이러한 과학자들의 주장은 충분한 신빙성이 있다.

이렇게 복합적인 세포 조직을 가진 생물이 처음 나타난 것은 약 12억년 전쯤이 된다.

원생 동물도 박테리아와 마찬가지로 두 개로 분열함으로

써 번식한다. 그러나 원생 동물은 박테리아보다 그 내부 설계가 복잡하므로 분열도 역시 섬세한 작업일 수밖에 없다.

최초의 성

생물의 한 개의 세포를 이루는 구조체들은 대부분 혼자 힘으로 분열해 나간다. 사실상 미토콘드리아와 엽록체는 자체 내의 DNA에 의하여 스스로 분열한다. 그러나 핵 속의 DNA는 극히 복잡한 방법으로 복제된다.

먼저, 자신의 모든 유전자들을 복제시킨다. 그리고 개개의 세포 모두가 하나의 완전하게 복제된 사본을 받아들이도록 해 준다. 그러나 몇 가지 다른 생산 방법도 있다

생식의 세부적인 방법은 매우 다양하다.

그러나 어떤 생식 방법이든 가장 기본적으로 유전자의 뒤섞임이라는 공통점이 있다. 이러한 세포들은 크게 두 가지 형태로 구분되는데, 비교적 크고 움직임이 없는 세포와, 작고 편모가 있어서 활발히 움직이는 세포이다. 이 세포는 앞의 것을 난자라 하고 뒤의 것을 정자라 부른다. 이것이 성의 시초가 되는 것이다.

이 두 종류의 세포가 결합하여 하나의 새 세포로 될 때 유전자는 다시 두 벌로 회복된다. 이때에는 어느 한쪽의 유전자만 받는 것이 아니라, 양쪽 모두에게서 받은 유전자가 결합되는 것이다.

이러한 특이한 결합은 새로운 특징을 지닌 약간 다른 생물체를 발생시킬 수가 있다. 암컷과 수컷이라는 암수 구별이 있으면 유전학적 변이의 가능성이 더 커지므로 진화되는 속도가 더욱 빨라진다.

원생 동물은 약 1만 종이 있다. 어떤 것은 섬모라고 하는 운동 섬유로 잔뜩 뒤덮여 있는데, 이것들은 일사불란하게 움직여서 물 속을 이동한다. 아메바를 비롯한 또 다른 원생 동물들은 위쪽으로 떠돌아다닌다. 또 바다에서 사는 것들은 대개 규산질이나 석회질을 분비하여 정교한 구조물을 만들어 낸다.

다른 방법으로 음식물을 섭취한 원생 생물도 있었다. 즉, 그들은 엽록소의 도움으로 광합성을 했던 것이다.

원생 생물 가운데 이렇게 엽록소의 도움으로 광합성을 하는 것들은 식물로, 그리고 이것을 먹이로 하는 나머지 모든 것은 동물로 생각할 수 있을 것이다. 그러나 여기에서 동식물을 구분한다는 것은 큰 의미가 없다고 하겠다.

왜냐 하면 많은 원생 생물들이 경우에 따라 이 두 가지 방법을 모두 사용했기 때문이다.

어떤 원생 생물은 직접 눈으로 볼 수 있을 만큼 크다. 연못의 물에서 회색 얼룩의 젤리같이 생긴 아메바가 기어가는 것을 집어낼 수도 있다. 그러나 단세포 생물의 성장에

는 한계가 있다.

생물의 크기가 커지면 세포 내의 화학 반응이 어려워지고 움직임도 둔해지기 때문이다.

그러나 색다른 방법으로 크기가 커질 수 있다. 즉, 세포들이 한데 모여 잘 조직된 군체를 만드는 것이다.

그 예로서, 볼복스가 있다. 볼복스는 모든 편모를 가지고 있는 2천~2만 개의 개체 세포로 구성되어 있다. 이 군체를 이루고 있는 각 개체들이 모두 개별적으로 헤엄을 치며 각자의 생활을 해 나간다는 사실은 참으로 놀라운 일이다. 그러나 볼복스 군체의 구성원들은 협동이 매우 잘 된다. 모두가 조직적으로 편모를 움직여 이 작은 공 모양의 볼복스는 일정한 방향으로 나아가는 것이다.

골격의 출현

군체의 세포들 간에 이런 종류의 협동이 한 단계 더 발전하게 된 것은 아마 8억년 내지 10억년 전, 해면 동물이 나타났던 때부터였다.

해면 동물은 상당한 크기가 될 때까지 자랄 수 있다. 해면 동물은 물이 몸 속을 통과할 때 그 속의 작은 입자들을 걸러내어 영양을 섭취한다.

해면 동물도 분명히 하나의 군체이다. 그러나 이것의 세포 사이의 결합 상태는 매우 엉성하여 하나하나의 세포들이 마치 아메바처럼 군체의 표면 위를 기어다닐 정도이다.

만일에 두 마리의 해면 동물이 가까이 접근해 있는 경우 점차 자라나서 서로 맞닿게 되면 마침내 하나의 커다란 생물체로 합해져 버린다. 또한 해면 동물 하나를 아주 가는 체로 쳐서 그것을 세포들로 흩뜨려 놓는다 하더라도 결국 다시 모여 원래의 상태대로 돌아간다.

각각의 세포가 모두들 제자리를 찾아 재결합되어 원래의 모습으로 되돌아가는 것이다. 더욱 더 놀라운 일은 이와 같이 두 개의 해면 동물을 흩뜨려서 세포들을 뒤섞어 놓더라도 다시 하나의 해면체로 통합하여 재구성된다는 사실이다.

또 다른 해면 동물은 골편이라는 작은 바늘 모양의 분비물을 만들어 놓는다. 그 골편은 규산질이나 석회질인데, 이것들이 서로 맞물려 세포들이 정착할 수 있은 골격을 만든다.

어떤 방법으로 하나하나의 세포가 골편을 만들어내고, 또 전체의 설계도에 맞추어 자기가 담당한 부분의 모양을 완벽하게 만들 수 있는가에 대해서는 전혀 알려져 있지 않다.

바다 수세미 같은 복잡한 골격을 가진 해면 동물을 보면 이러한 수수께끼는 더욱 커지게 된다. 어떻게 각자 독립적으로 행동하는 이 작은 세포들이 어떻게 그토록 복잡하고도 아름다운 격자 무늬를 공동으로 만들어낼 수 있는 것일까? 이것은 아직도 풀 수 없는 수수께끼인 것이다. 그러나 비록 이처럼 놀랍고 섬세한 무늬를 만들어냈다고는 하지만 해면 동물을 완전한 다세포동물로 보기는 어렵다. 해면 동물은 아직 신경계도 없으며 근섬유도 없다.

신경계와 근섬유의 신체적 특징을 갖고 있는 가장 단순한 동물은 해파리를 비롯한 자포 동물이다.

신경계를 가진 최초의 동물

해파리는 대부분 가장자리에 독을 쏘는 촉수가 달린 접시 모양을 하고 있다. 이러한 형태를 메두사형이라고 부르는데 메두사란 그리스 신화에 나오는 여인의 이름으로, 바다신의 사랑을 받자 이를 질투한 여신이 이 여인을 저주하여 머리칼을 뱀의 모양으로 바꿔 놓았다고 한다.

해파리 몸체의 벽은 두 개의 세포층으로 되어 있다. 해파리가 험한 파도를 견디어 낼 수 있는 것은 이 두 층 사이에 젤리가 있기 때문이다.

해파리는 해면 동물의 세포와는 달리 독자적인 생활을 할 수 없다. 이것들의 어떤 세포들은 전기의 자극을 전달할 수 있도록 변형된 것도 있다.

이러한 세포들이 연결되어 그물 모양을 이룬 것을 원시적인 신경계라고 말할 수 있다 또 다른 세포들은 그 길이가 수축되기도 한다. 단순한 근육이라고 생각할 수 있다.

해파리는 또한 자세포를 갖고 있는데 이것은 자세포 동물만이 갖고 있는 것이다. 이 자세포 속에는 긴 실 모양의 관이 감겨져 있어서 적이나 먹이가 가까이 오면 해파리는 이 꼬인 실을 발사한다.

실에는 작은 작살같은 가시가 달려 있고 이 실에 독이 들

▲ 촉수 속 작살같은 가시와 독을 갖고 있는 해파리

어 있다.

해파리에 스치면 피부가 따가운 것은 바로 이 자세포의 독화살에 쏘였기 때문이다.

해파리는 바다에 난자와 정자를 내보내어 생식한다. 이것이 즉시 해파리가 되는 것은 아니다. 우선 자유로이 떠다니는 메두사형이 된다. 그러다 결국 바다 밑바닥으로 가라앉아 조그만 꽃 모양이 되는데 이것을 폴립형이라 한다.

어떤 것은 이 폴립이 싹을 내어 다른 형태의 폴립을 만들어내는 출아법으로 증식한다. 이것들은 작은 섬모를 사용하여 먹이를 여과시켜 먹는다. 마침내 이 폴립형들이 다른 방식으로 싹을 내이 작은 메두사형들을 만들어낸다. 이 메두사형은 폴립형에서 떨어져나와 꿈틀거리며 바닷속으로 흩어져서 다시 자유롭게 떠다닌다.

이처럼, 해파리는 그 형태가 세대에 따라 변화하기 때문에 무수한 변이체가 생기게 되었다.

이 비교적 단순한 생물체들은 생명 역사의 초기 단계부터 나타났던 것으로 여겨진다. 그러나 이것을 입증할만한 증거가 오랫동안 없었다.

이러한 증거는 오직 화석에 의해서만 얻을 수 있을 것이다. 하지만 미생물이야 처트 속에 보존될 수도 있었지만 해파리처럼 크기만 했지 부서지기 쉬운 연약한 동물들은 화석이 되기까지의 그 오랜 기간 동안 모습을 그대로 보존하기는 매우 어려운 것이다.

그런데 1940년대에 몇몇의 지질학자들은 매우 이상한 화석을 발견했다. 그 장소는 남부 오스트레일리아의 플린더스 산맥에 있는 오래된 에디아카라 사암에서였다. 조사해 본 결과, 연대가 6억 5천 만년쯤 전의 것으로 추정되었다. 지질학자들은 이것이 혹시 해변에 밀려올라 왔다가 햇볕에 그을리고, 이어 밀려온 조수에 의해 씻겨 모래로 덮여서 생긴 해파리의 흔적이 아닐까 하고 생각했다.

산호초의 신비

이 세상에는 산호만큼 풍부한 색채와 여러 모양의 형태를 보여주는 것은 없다. 도움형, 나뭇가지형, 부채꼴, 끄트머리가 파란 사슴뿔 모양, 핏빛처럼 붉은 파이프오르간 모양 등등 각양각색이다.

그러나 정말로 감탄을 하게 되는 놀라운 광경은 밤에 볼 수 있다. 밤에 전등을 켜고 산호초 속을 헤엄쳐 보면 산호가 분비한 석회질 나뭇가지들의 벌집같은 무수한 구멍들로부터 수백만 개의 작은 산호 폴립들이 기어나와 그들의 작은 촉수를 더듬거리며 먹이를 찾는 모습을 볼 수 있다.

산호 폴립은 지름이 겨우 몇 밀리밖에 안 되지만, 이들은 군체를 이루어 공동 생활을 함으로써 인간을 제외한 모든

▲ 바닷속 산호초

동물 중 가장 위대한 건축가로서의 솜씨를 발휘한다.

오스트레일리아 대륙의 동해안과 평행으로 1천백킬로미터에 걸쳐 길게 누워 있는 대산호초는 달에서도 내려다보인다고 한다.

생명 과학의 신비

대산호초에는 온갖 생물들이 모여 함께 우글거리고 있다. 이곳에서는 조수가 산호초 사이로 밀어닥쳐 물 속에 충분히 산소를 공급해 준다. 게다가 열대의 태양이 수온을 높여 주며, 물 속 깊은 데까지 햇빛이 스며든다.

그래서 이곳은 온갖 바다 생물이 번식하기에 아주 적합하다. 인광을 내는 자주빛 눈으로 힐끗 내다보는 조개류, 가시를 이리저리 움직이며 어슬렁거리는 검은 성게류, 모래 바닥에서 반짝이는 짙푸른 불가사리, 산호의 부드러운 표면에 뚫린 구멍들 밖으로 나풀거리는 장미꽃 문형의 폴립들.

대산호초에서 우글대는 생물들의 다양함은 우리를 당황하게 만든다. 그러나 우리가 앞에서 이미 살펴본 바 있는 해파리, 산호 등 원시 생물, 그리고 그보다 훨씬 고등한 척추 동물인 물고기를 제외하면 그 나머지는 거의 전부가 다음 세 가지 가운데 하나에 속한다.

첫째, 껍데기를 가진 동물로서 대합조개류, 자패류, 고등류 등이 이에 속하며 둘째, 방사대칭형인 동물로서 불가사리나 성게류가 이에 속한다. 그리고 셋째로는 몸통이 길고 체절이 있는 동물로서 꾸불대는 갯지렁이류, 새우류, 닭새우류가 여기에 속한다. 이런 동물들을 등뼈가 없는 동물 즉, 무척추동물이라 부른다.

이들 세 가지 종류의 동물들은 그들의 몸체가 형성되는 원리가 제각기 근본적으로 다르기 때문에 진화적 계보의 출발 단계가 아니고서는 사실을 믿기가 어렵다.

그러나 화석을 통해 알아볼 수 있는데 그 옛날의 바다에서 번성했던 이 동물들은 각기 많은 화석을 남겼다. 이들의 진화의 역사는 암석을 통해 6억년쯤 거슬러 올라가면 살펴볼 수 있다.

세계의 어느 곳이든 이 연대의 암석에서 발견되는 화석들은 앞서 우리가 대산호초에서 확인한 세 가지 중의 하나에 속한다.

그러나 지층을 따라 내려오다 보면 화석은 갑자기 보이지 않게 된다. 하지만 이곳 지층 속의 석회암이 화석에 들어 있는 것과 똑같은 것으로 보아, 이곳의 지층을 퇴적시킨 바다는 화석이 많은 석회암 지층을 생성한 바다와 대단히 비슷했을 것이다.

그렇다면 어느 시점을 갈림길로 하여 그 이전에는 바다 밑의 갯흙에 동물의 시체가 가라앉은 적이 없었다는 이야기가 된다.

화석이 이처럼 갑자기 출현하는 현상은 세계 곳곳에 흔히 있다. 또한 이렇듯 생명의 역사의 대부분은 암석에 기록되지 않은 셈이다.

따라서 무척추 동물 발생의 증거는 화석이 아닌 다른 것에서 찾을 수밖에 없다.

머리를 갖게 되다

우리는 다시 산호초로 되돌아가기로 한다. 그곳에는 산호의 머리 위에서 펄럭거리거나, 바위 틈에 숨거나, 바위 밑에 붙어 있는 납작한 나뭇잎 모양의 벌레들이 있다.

이 벌레들은 해파리처럼 창자에 구멍이 하나밖에 없어서 이곳으로 음식도 먹고 또한 배설물도 내보낸다. 그리고 아가미도 없으며 피부로 직접 호흡한다. 이 동물은 몸의 밑바닥을 덮은 섬모의 운동에 의해 천천히 미끄러지듯 움직인다. 그런데 이 동물의 몸 앞쪽 끝의 아랫부분에는 입이, 위쪽으로는 빛을 감지하는 점이 몇 개 있다.

이 편형 동물이 최초로 머리의 모습을 갖춘 가장 단순한 동물이다.

편형 동물의 신경계는 신경 섬유가 얽혀 만들어진 조직망에 불과하다. 신경 섬유가 뭉쳐 있는 부분이 있지만 그것을 뇌라고 부를 수는 없다.

그러나 편형 동물은 놀라운 능력을 가지고 있다. 담수에 사는 어떤 종은 학습 능력이 있어 미로에 집어넣고 훈련시켜 흰색을 칠한 통로를 찾아가도록 할 수 있다. 검은색 통로로 들어가면 약한 전기 충격을 줌으로써 흰색 통로를 선택하게 훈련시키는 것이다.

이러한 학습의 기억이 어떤 물질에 보관되었다는 사실은

매우 놀랍다. 즉, 미로 학습을 체험한 개체를 죽여 그 살을 다른 개체에게 먹이면 그 개체는 훈련 없이도 미로를 정확히 찾아가는 것을 볼 수 있다.

오늘날 세계에는 약 3천 종의 편형 동물이 있다. 대부분 몸이 작으며 물 속에 산다. 습기찬 열대 삼림의 땅바닥에서 가까스로 살아가는 종류도 있다. 또 어떤 편형 동물은 기생 생활을 한다.

그것들은 사람을 비롯한 무수한 동물들의 몸 속에 숨어 살고 있는데, 간디스토마는 편형 동물의 형태를 지니고 있다.

보호 껍데기를 가진 동물

이와 같은 무척추 동물이 진화하고 있던 6~10억 년 전 무렵, 계속되는 대륙의 침식으로 그 주변의 바다 밑바닥에는 진흙과 모래가 끊임없이 쌓였다.

이곳에는 바다 위쪽에서 떨어져내리는 유기물 부스러기 형태의 양분이 풍부하게 들어 있었을 것이며, 그곳에 사는 생물에게 은신처 또는 보호처가 될 수 있었다. 그러나 편형 동물의 신체 구조는 그 곳에 굴을 파고 살기엔 적당치 못했다. 굴을 파고 사는데는 관 모양이 훨씬 효과적이다.

마침내 그런 모양의 동물들이 나타나기에 이르렀다. 그 중에는 먹이를 찾아 진흙 속으로 활발하게 굴을 파고 다니는 것이 있다. 또 진흙 퇴적물 위로 입 부분만 내민 채 반쯤 묻혀 사는 것이 있는데 입 주위의 섬모로 물결을 일으켜 입으로 흘러드는 물에서 먹이를 걸러 먹고 살았다.

어떤 종류는 일종의 보호관을 만들고 그 속에서 살았다. 이 보호관은 그후 더욱 변형되어 마침내 두 개의 편평한 석회질의 보호 껍데기가 되었다.

이것이 최초의 완족류이다.

시간이 흐름에 따라 생물이 살고 있는 지역 가운데 환경이 변하는 지역이 생기는 것은 당연하다. 그 지역의 생물은 새로운 환경에 효과적으로 살아남기 위해 약간 다른 형태로 진화한다.

그러나 환경이 변하지 않는 지역도 있다. 이런 지역의 생물은 원래의 형태를 보존한다. 환경이 바뀌지 않으면 변종은 나타나지 않는다. 그래서 아무런 변화도 겪지 않고 세대를 거듭하면서 몇 억년이 지나도 태초의 모습을 보존하는 것이다.

완족류는 그 후 약 1억년이 흐르는 동안 어떤 두꺼운 석회질 껍데기를 가진, 보다 큰 종류가 되었다. 또 어떤 종은 촉수가 너무 크게 자라 이를 보호하기 위해 정교한 나선형의 껍데기가 발달되었다. 그리고 대부분의 완족류는 두 개의 껍데기 끝중 한쪽 끝에 구멍을 발달시켰다. 이 구멍으로 벌레같이 생긴 자루가 나와 자신의 몸뚱이를 진흙에 부착시키게 되었다.

한편, 바다 밑 일정한 곳에 부착하지 않고 이리 저리 기어다니는 종류의 벌레가 발달하였다. 이것은 위험할 때면 작은 원추형 텐트 모양의 껍데기 속으로 몸을 웅크릴 수 있었다.

이것이 껍데기를 가진 벌레 가운데 가장 번성한 무리인

연체 동물의 조상이다. 현재까지 살아 있는 연체 동물은 약 6만 종을 헤아린다.

이 연체 동물은 완족류처럼 껍데기 안에 있는 촉수로 먹이를 먹지 않고 치설로써 먹는다. 치설이란 이빨로 덮여 있는 리본 모양의 혀이다. 어떤 종류는 이것으로 바위에 붙어 있는 조류를 긁어먹는다.

물레고둥류는 근육성 자루에 치설이 달려 있어서 이를 뻗어 다른 연체 동물의 껍데기를 뚫고 들어간다. 그리고는 치설의 끝을 그 동물의 속살에 찔러 넣고 그 살점을 갉아먹는다. 청자고둥류도 원래는 자루형 치설을 가졌었으나 일종의 화살로 변형시키는 데 성공했다. 이들은 먹이를 향해 살짝 치설을 뻗은 후, 그 끝에서 유리질로 된 작은 작살을 발사한다. 먹이가 버둥거리는 사이에 독을 주입하여 죽이고는 자신의 껍데기 속으로 끌어들여 천천히 삼키는 것이다.

한편 무거운 껍데기는 재빠르게 먹이를 잡는 데 커다란 장애가 되었다.

그래서 어떤 육식성 연체 동물은 껍데기 없이 살아간다. 껍데기가 없으면 자기 몸을 보호하는 데는 위험스럽지만 재빠르게 활동을 할 수 있기 때문이다.

이들은 다시 편형 동물과 비슷했던 그들의 옛조상 시절로 되돌아간 셈이다.

그 밖에 홍합이나 대합조개같은 연체 동물은 두 개의 판으로 나눠진 껍데기를 가졌다. 이런 동물들은 움직이는 일이 거의 없다. 발은 작아져서 모래 속으로 몸을 끌어들일 때만 쓰이는 돌기로 되어있다. 또 대부분은 물을 여과해서 먹이를 섭취한다. 이동할 필요가 없으므로 몸체가 크다고 해서 불리할 게 없다. 산호초에 사는 거대조개는 길이가 1미터까지 자라기도 한다.

연체 동물이 발달하기 시작하던 생물 역사의 초기에 크고 무거운 껍데기의 보호를 받으면서도 이 동력이 발달한 부류가 생겨났다. 즉, 이들은 공기가 가득 찬 부유탱크를 발달시킨 것이다. 이런 부류의 연체 동물이 나타난 것은 약 5억 5천만년 전부터이다. 이들은 편평한 코일 모양의 껍데기를 가졌다. 그러나 달팽이에서처럼 완전히 살로 가득 있지는 않다. 그 대신 뒤쪽 끝이 벽으로 막혀 공기 주머니를 이루고 있다. 동물이 성장하게 되면 그 증가하는 체중에 대한 충분한 부력을 받기 위해 새로운 공기 주머니가 더 생긴다. 이런 특성을 가진 것이 바로 앵무조개이다.

오늘날까지 살아 남은 종인 진주앵무조개는 직경 20센티미터 정도까지 자란다. 몸통에서부터 끝부분에 있는 부유탱크까지 관이 연결되어 있다. 그래서 이 탱크에 물을 채웠다 뺐다 함으로써 부력을 조절하여 자기가 원하는 높이로 뜰 수가 있다. 그것들은 썩은 고기뿐 아니라 게 같이 살아 있는 생물도 먹는다. 또한 물관을 통해서 여러 방법으로 물을 내뿜음으로써 제트 엔진식 추진 작용으로 움직인다.

또한 작아서 눈에 잘 띄지 않는 눈과 촉수의 도움을 받아 먹이를 찾는다. 발은 90여 개 정도의 작고 긴 촉수로 분화

▲ 단단한 앵무 조개 껍질

되어 먹이를 꽉 잡는 역할을 하며 그 복판에는 딱딱한 부리가 있다. 앵무새 부리처럼 생긴 이것으로 먹이를 깨물면 아무리 단단한 껍데기라도 깰 수 있다.

1억 4천만년 간의 진화 끝에 앵무조개에서 암몬조개가 생겨나게 되었다. 암몬조개는 앵무조개보다 훨씬 더 많은 부유실을 가졌었다. 마침내 암몬조개는 엄청날 정도로 번창했다. 그래서 어떤 지층에서는 암몬조개의 껍데기가 두껍게 쌓여 있어서 단단한 층을 형성하기도 한다. 이들 중 어떤 종은 트럭의 바퀴만큼이나 크게 자란다.

그러나 약 1억년 전, 암몬조개들은 쇠퇴하기 시작했다. 아직도 그 이유는 알 수 없지만 어쨌든 많은 종이 죽어 없어졌다. 그리고 엉성한 코일 모양이나 거의 곧게 펴진 껍데기를 가진 것이 생겨났다. 어떤 무리는 나새류가 밟아왔던 과정처럼 아예 껍데기가 없어졌다. 마침내 껍데기를 가진 종류는 진주앵무조개를 제외하고는 모두 사라졌다.

그러나 껍데기가 없는 종들은 끝까지 살아 남아 연체 동물 중 가장 섬세하고 영리한 것들이 되었는데, 이들이 바로 오징어류와 문어류이다.

보호 껍데기를 벗어버리다

오징어류는 그의 조상이 남긴 껍데기의 유산을 그들의

몸 속에 지금도 간직하고 있다. 그러나 문어류는 그 몸에 껍데기의 흔적이 전혀 남아 있지 않다.

오징어는 촉수가 앵무조개보다 훨씬 적어 10개 밖에 없으며 문어는 8개뿐이다. 이 두 가지 중에서 오징어가 훨씬 더 빠르다.

오징어는 거대한 크기까지 자란다.

1954년 노르웨이 해변가에 올라온 오징어는 몸끝에서 촉수 끝까지의 길이가 9미터나 되고 몸무게는 거의 1톤이나 되었다. 그러나 훨씬 더 큰 오징어도 있었다. 1933년 뉴질랜드에서는 길이가 21미터이고 눈의 직경이 40센티미터나 되는 오징어가 잡혔다. 이 오징어와 눈은 모든 동물 왕국을 통틀어서 가장 큰 것이었다. 아뭏든 이 생물의 기원을 거슬러 올라가 보면, 약 6억년 전 처음 생겨난 단순하고도 조그만 조개로부터 진화된 후손이라는 사실을 알 수 있다.

가시 있는 피부, 극피 동물

그러면 화석에 나타나는 두 번째 종류는 그 기원이 어떠할까? 화석을 통해 바다나리류의 조상들을 찾아올라 가면 그들의 모양과 구조가 점점 확실하게 나타난다.

이들은 자루로부터 솟아올라 있는 중심체를 갖고 있다.

▲ 불가사리

어떤 종에서는 다섯 개의 팔이 싹이 트듯 돋아나 가지를 거듭 친다. 겉부분은 서로 아귀가 꼭맞는 석회질 판들로 되어 있다. 이 생물도 암몬조개처럼 한때 전성기를 누렸으나 지금은 다 없어지고 바다나리로 알려진 몇몇 종만이 바다 깊은 곳에 남아 있을 뿐이다. 그들의 친척뻘이 되는 동물들에는 피부에 온통 가시가 붙어 있다. 그래서 이런 무리를 '가시 있는 피부' 라는 뜻으로 극피 동물이라고 한다.

극피 동물의 기본 구조를 보면 5중의 대칭을 이루고 있다. 팔도 5개가 뻗어나와 있고 내부의 모든 기관들도 다섯 개의 부분으로 되어 있다. 그들은 독특한 수압 원리로 몸을 움직인다. 발은 각기 가느다란 관으로 되어 있고 끝에는 빨판이 있다.

불가사리와 그의 사촌뻘인 거미불가사리도 이러한 두 가지의 특징을 갖는다. 성게도 이들과 유연 관계가 있다. 성게는 엎어진 상태에서 5개의 팔을 거꾸로 젖혀 올려 모으고 이 팔들을 연결기둥 삼아 그 사이의 공간에 더 많은 석회질이 채워져 전체가 하나의 공 모양으로 변했다.

산호초 속의 군데군데 있는 모래밭을 기어다니는 해삼도 극피 동물에 속한다.

▲ 극피동물의 종류인 해삼

해삼은 그 얼굴을 바닥이나 위로 향하게 하지 않고 옆으로 누워 있다. 몸의 한쪽 끝에 있는 구멍은 배설물을 내보낼 뿐 아니라 호흡에도 사용된다.

이 항문을 통하여 몸 바로 안쪽에 있는 작은 관들 위로 물이 들락날락함으로써 호흡을 하는 것이다.

해삼은 자신을 방어하기 위해 기이한 방법을 쓴다. 그들은 자신의 내장을 쉽게 밖으로 쏟아 내버린다. 항문으로부터 끈적끈적한 실뭉치 같은 작은 내장들이 천천히 끊임없이 흘러나와 사람의 손가락에 엉겨붙으면 그 강력한 끈적거림 때문에 도무지 손가락을 움직일 수가 없게 된다. 그 동안 해삼은 관족을 사용해서 서서히 딴 곳으로 이동한다.

내장을 몽땅 빼내 버린 해삼은 몇 주일 후면 다시 온전한 새 내부 기관이 몸 안에 생긴다.

절지 동물

대산호초의 동물 가운데 세 번째 종류는 몸통이 길고 몸마디가 있는 동물이다. 절지 동물의 몸 마디는 그들이 진흙 속에 구멍을 잘 뚫기 위한 방법으로 발달시킨 신체 구조이다. 두 줄로 나란히 늘어선 여러 개의 독립적인 다리들은 진흙 속을 뚫는 데 대단히 효과적이다. 이런 구조는 하나의 마디가 계속 고리를 이룸으로써 얻어졌을 것이다. 이런 진화는 에디아카라 화석 시대 훨씬 이전에 이루어졌다고 할 수 있다. 왜냐 하면 이 암석이 퇴적되었을 시기에는 이미 무척추 동물의 분화가 된 상태이기 때문이다. 따라서 이들의 발달사는 약 1억년 간의 공백기를 가진다. 생물들은 그 기간 중 지금까지 우리가 살펴본 바와 같이 껍데기를 발달시켰다.

절지 동물로부터 갈라져 나와 갑옷처럼 단단한 껍데기를 발달시킨 동물들의 껍데기는 그 일부는 석회질로, 나머지는 각질로 되어 있다. 그러나 삼엽충의 껍데기는 더 이상 커질 수 없으므로 삼엽충은 자라면서 정기적으로 껍데기를 벗는다. 여러 곳에서 발견되는 삼엽충의 화석이란 대부분이 텅 빈 껍데기이다.

그리하여 화석을 통해 우리는 다음과 같은 사실을 알 수 있다. 몸의 각 마디에는 1쌍의 관절 있는 다리가 나 있는 하나의 자루에는 깃털 모양의 아가미가 있으며 머리의 앞부분에는 2개의 더듬이가 있다. 또한 창자가 몸 전체에 걸쳐 길게 놓여 있고, 등쪽에는 근육 섬유가 있어서 몸을 둥글게 말아 공 모양처럼 할 수도 있다.

삼엽충은 바다에 퍼지면서 수많은 종으로 갈라졌다. 대부분의 종들이 바다 밑에서 진흙 속을 누비며 살았던 것으로 보인다. 그 중 일부는 빛이 전혀 닿지 않는 깊은 바다에

▲ 삼엽충 화석

서 살았으므로 눈이 퇴화했다.

여러 가지 종류의 다양한 동물들이 바다 밑에 번성하게 되자, 삼엽충은 그 지배권을 잃게 되었고, 2억 5천만년 전쯤에는 아예 사라져버렸다. 삼엽충 계통의 생물로는 투구게 한 가지만이 유일한 후손으로 살아 남아 있다.

절지 동물로부터 갈라져 나온 생물로 삼엽충과 거의 같을 시기에 또 다른 무리인 갑각류가 나타났다. 그들은 겉으로 보면 작은 차이밖에 없는 것처럼 보인다.

그러나 갑각류는 머리에 두 쌍의 더듬이를 가졌다는 중대한 차이가 있다.

이들은 수백만년에 걸친 삼엽충의 전성기 동안 살아 남았다가 마침내 삼엽충이 사라져버리고 나자 바다의 지배권을 이어 받았다.

오늘날 지구상에는 약 3만 5천 종의 갑각류가 있는데 이것은 조류의 4배나 되는 수이다. 모양도 다양해서 작은 물벼룩에서부터 한쪽 집게발과 다른 쪽 집게발 사이가 3미터나 되는 거대한 키다리 게까지 있다.

그들은 각 종마다 여러 쌍의 다리를 각자의 특수한 목적을 위해 변형시켰다. 예를 들면, 앞다리를 집게발로, 가운데 있는 다리는 물 속을 저어 가기 위한 지느러미 모양의 발이나 바닥을 걷기 위한 다리, 혹은 집게 등으로 변화시키는 경우이다.

이들도 역시 삼엽충에서와 마찬가지로 껍데기로 인한 문제점을 갖는다. 껍데기는 자라나지를 않기 때문이다. 그래서 껍데기로 꽉 싸여져 있는 몸이 자랄 수 있는 유일한 길은 주기적으로 그 껍데기를 벗어버리는 것이다.

이것이 바로 탈피인데, 이 탈피 시기가 가까워지면 갑각류는 껍데기의 탄산칼슘 성분을 혈액 속으로 흡수한다. 그리고는 껍데기 바로 밑에 연한 새 껍데기를 만든다. 새 껍데기는 주름이 잔뜩 잡혀있다. 그들의 몸은 이제 너무 작아 못 쓰게 된 헌 껍데기를 깨뜨리고 밖으로 빠져나온다. 그런데 새 껍데기는 아직 너무 연하기 때문에 그들은 당분간 숨어 있어야만 한다. 그 사이에 새 껍데기는 수분을 흡수하여 주름이 펴지면서 보다 큰 동물로 자라게 된다. 새 껍데기가 점점 굳어지면 이제 안전하게 살아갈 수 있게 되는 것이다.

이들은 호흡 문제만 해결된다면 곧장 바다로부터 걸어나와 육지에서 살아갈 수도 있는 셈이다. 실제로 많은 갑각류가 육지로 올라와 살았다. 이렇게 육지로 올라와 살게 된 갑각류 가운데 가장 신기한 것은 코코넛게일 것이다.

이 게는 두 다리를 벌려 야자나무 줄기를 껴안고 나무를 손쉽게 올라가 꼭대기에 이르면 거대한 집게발로 어린 열매를 따서 떨어뜨린 후 나무에서 다시 내려와 이것을 주워 먹는다. 이 야자집게의 등껍데기 뒤쪽에는 공기실로 통하는 통로가 열려 있는데, 공기실 안쪽은 주름이 많은 축축한 피부로 되어 있어서 이것으로 산소를 흡수한다. 야자집게는 알을 낳기 위해 바다로 돌아가는 외에는 육지에서 살아간다.

원시의 숲

화산이 분출하고 나면 그 둘레에 있는 평지는 가장 황폐한 땅이 된다. 검은 용암이 산등성이를 밀물처럼 흘러내려 땅을 망치기 때문이다. 용암은 마치 용광로에서 흘러나온 쇠의 찌꺼기 같다. 그러한 용암의 덩어리 틈으로 증기가 소리를 내며 뿜어오른다. 또한 그 틈새들이 노란 유황으로 굳어간다. 그리고 잿빛, 노란빛 또는 푸른빛의 구덩이가 생겨 부글부글 거품을 내뿜다가 열이 식으면서 굳어간다. 그밖에는 쥐죽은 듯 고요하다.

매서운 원시의 바람을 피하게 해 주는 숲도 자라지 않으며, 화산대 들판의 검은 표면을 덮어줄 초록의 잎조차도 찾아볼 수 없었다.

지구는 그 역사의 대부분을 이런 황량한 풍경 속에서 지내왔다.

오랜 세월이 지나는 동안 용암과 화산재로 이루어진 이 산들은 비바람에 부서지고 깎여졌다. 용암의 바위들은 닳아서 모래와 진흙이 되었다. 그리고 그 파편들은 시냇물에 의해 운반되어 결국 바다 밑에 쌓이게 되었다. 모래와 진흙이 점점 쌓이자 그 압력에 의해 바위가 되었다.

대륙도 굳어 있는 상태로 있지는 않았다. 지구의 밑바닥으로부터 움직임이 일어남에 따라 대륙은 서서히 이동하게 되었다. 그러다가 대륙끼리 서로 부딪치는 경우가 생겼고, 그럴 경우 그 둘레에 쌓여 있던 퇴적물들이 압축되어 주름이 잡히면서 솟아올라 새로운 산맥이 생겨났다.

이러한 변화가 약 30억년 동안 되풀이되는 가운데 바닷속에서는 다양한 형태의 생명이 싹트기 시작했다. 그러나 땅 위에서는 여전히 생명체가 싹틀 기미조차 보이지 않았다.

육지 위의 첫 생명체

육지 위의 첫 생명체는 이끼류였다. 이끼류는 바닷가와 그곳에 널려 있던 바위, 돌 들 위에 녹색띠를 이루고 서식했을 것이다. 그들은 파도가 철썩이는 물을 벗어나지 못했다. 만약 물을 벗어났다가는 틀림없이 말라죽었을 것이기 때문이다.

그런데 지금부터 약 4억 2천만년 전에 어떤 이끼류가 그 겉부분을 말랑말랑한 덮개로 싸는 데 성공함으로써 말라죽는 것을 피할 수 있게 되었다. 그러나 물에서 완전히 벗어

날 수는 없었다. 여전히 바닷물에 의존했었기 때문이다.

우리가 화석상으로 발견한 최초의 육상 식물은 약 4억년 전의 것으로써 잎이 없고 단순한 섬유 줄기만을 가진 식물이었다. 이 식물은 이끼와 마찬가지로 뿌리가 없다. 그러나 현미경으로 관찰해 보면 줄기 위로 물을 끌어올리기 위한 길고 두꺼운 벽으로 되어 있는 세포들로 이루어져 있다.

이런 구조 덕분에 그 식물들은 어느 정도 똑바로 설 수 있었을 것이고 그 키가 몇 센티미터까지 자랐을 것이다.

이것은 생명 역사에 있어서 중대한 진보를 이룬 계기였다.

이 식물들은, 원시적인 선태 식물들과 함께 강어귀나 육지 쪽으로 초록빛 융단처럼 퍼져나가 오늘날 우리가 보는 숲의 축소판에 해당하는 모습을 이루었다. 그리고 바다로부터 절지 동물이 기어올라와 최초의 육상 동물이 생겨나게 되었다.

오늘날의 다지류의 조상에 해당하는 그들은 처음에는 틀림없이 물가에서 살았을 것이다. 그러나 이끼류가 자라는 곳도 습기와 먹이가 풍부했으므로 그들은 점차 이끼류와 더불어 육지에서 번성하기 시작했다. 그들은 엄청나게 번성했는데 그들 중 어떤 것은 길이가 2미터를 넘는 것도 있었다. 그들은 녹색 이끼로 된 축축한 육지 위를 누비며 그 싹을 뜯어먹었을 것이다.

그런데 이 동물이 육지 위에서 생활하기 위해서는 호흡 방식을 바꾸지 않으면 안 되었다. 아가미 따위의 호흡기로서는 공기 중에서 호흡을 할 수 없었기 때문이었다. 그래서 노래기는 기관이라는 호흡기를 발전시키게 되었다. 기관이라는 이 새로운 호흡기는 껍데기의 옆구리 위에 있는 구멍으로부터 시작하여 몸 속으로 들어갈수록 점점 가지를 쳐서 마침내 신체 내부의 모든 기관, 조직, 심지어는 세포에 이르기까지 섬세한 조직망을 형성하여 체내에 산소를 공급하기에 이르렀다.

노래기류는 모두 초식성이다. 그런데 그 후 이끼의 숲에는 이 초식성의 노래기류를 잡아 먹는 새로운 무척추 동물이 나타났다.

그들은 몹시 거칠고 잔인해서 저희들끼리도 마음 놓고 친하게 지낼 수가 없을 정도였다.

이 사나운 무척추 동물들 중 세 가지 무리는 오늘날까지 살아 남아 있는데, 지네, 전갈, 거미가 그것이다.

물론 그 옛날의 상태와는 상당히 차이가 있지만 그들 역시 절지 동물에 속한다.

뿌리를 갖추기 시작한 식물

절지 동물이 물을 떠나 육지 생활에 적응을 해나갈 무렵, 식물 역시 변화를 겪고 있었다.

초기 식물들은 참뿌리가 없었다. 곧게 선 줄기는 땅 위를 따라 혹은 땅 밑에 반듯하게 누워 있는 수평줄기부터 솟아 나온 것이었다. 주위에 습기가 많았다면 계속 이처럼 땅에 누워 있었을 것이다. 그러나 풍부한 수분은 땅 속에 있었으므로 뿌리가 필요했다. 뿌리가 있어야 흙을 뚫고 들어가 물기를 빨아들일 수 있기 때문이다.

그래서 마침내 뿌리를 갖춘 세 종류의 식물인 석송, 속새류, 양치류가 출현했다. 세 가지 모두 줄기 속에 뿌리가 흡

수한 수분을 수송하는 튼튼한 목질의 도관을 갖게 되었다. 이로 인해 줄기는 한결 꼿꼿이 설 수 있었으며 상당한 높이까지 자랄 수 있었고 결국 나무가 되었다.

그러자 그곳에 거주하는 동물들에게 심각한 문제가 발생했다. 전에는 땅의 바로 위에 식물의 잎이나 씨가 널려 있어 항상 먹이 걱정이 없었으나 이제는 먹이가 하늘 높이 올라가 버린 것이다. 뿐만아니라 숲이 우거져서 햇빛마저 쬐기가 어렵게 되었다. 숲 속의 땅바닥에는 이제 기껏해야

드문드문 식물이 자랄 뿐 살아 있는 식물의 잎은 구경조차 하기 어렵게 되었기 때문이다. 따라서 몇몇 초식성 동물들은 먹이를 구하기 위해 줄기를 타고 나무 위로 올라가기에 이르렀다.

이 무렵, 지상의 무척추 동물계에 전적으로 새로운 종류의 동물들이 끼어 들었다. 그 동물들은 네 다리, 축축한 피부, 그리고 척추를 갖고 있었다. 그것들이 바로 최초의 양서류이다. 그리고 그들은 육식성 동물이었다.

원시 곤충류

당시의 육지에 살고 있던 무척추 동물들 가운데 몇몇들은 오늘날까지 대를 이어오고 있다. 좀류와 톡톡이류가 바로 그들이다. 식물을 먹는 초기 육상 동물의 직계 후손인 좀은 차고 축축한 곳을 좋아하는데 오늘날에도 지하실 같은 곳에서 발견된다.

좀 무리에는 수천 가지의 서로 다른 종이 있다. 이것들은 모두 몸체가 세 부분으로 되어 있고 다리는 6개이다. 이런 특징 때문에 그들은 가장 수효가 많고 종류가 가장 다양한 무척추 동물인 곤충의 일원이 되었다.

원시 곤충들은 그 당시 무성했던 나무양치류나 속새의 줄기를 기어올라가 먹이를 구했을 것이다. 그러나 원시 곤

충들 가운데 일부들은 훨씬 신속한 방법을 개발했다. 즉 곤충들이 날게 된 것이다.

지금부터 약 3억년 전에 마침내 날개를 가진 곤충이 지구에 등장했다. 날개 가진 곤충 가운데 최초의 것은 잠자리이다. 대부분은 지금의 잠자리와 그 크기가 대체로 비슷했을 것이다. 그러나 어떤 것은 날개 길이가 무려 70센티미터인 엄청난 크기까지 발달하기도 했다.

잠자리보다 뒤에 나타난 꿀벌과 말벌, 나비, 나방, 딱정벌레, 파리 등 곤충은 공중을 삶의 무대로 삼았던 최초의 생물이었다. 거의 1억년 동안이나 공중은 그들의 독무대였다.

그러나 결코 위험이 없었던 것은 아니었다. 거미는 비록 날개는 없었지만 날개 있는 곤충들이 그들의 포위망인 거미줄을 벗어나는 것을 결코 허락하지 않았던 것이다.

곤충을 이용한 식물

그런데 이제는 식물들이 곤충들의 비행술을 이용하기 시작했다. 식물들이 바람을 통해 씨앗을 퍼트린다는 것은 너무나도 낭비가 많고 위험스런 번식법이었다. 더군다나 조건이 보다 더 까다로운 꽃가루를 바람에 날려 번식한다는 것은 그 가능성이 너무나 희미했다. 꽃가루가 우연히 난세포 위에 떨어져야만 수정과 발아를 할 수 있기 때문이다.

그런데 곤충은 훨씬 더 효과적인 운반 수단이 될 수 있었다. 만약 곤충이 식물들의 심부름을 해 준다면 식물의 수정에 필요한 적은 양의 꽃가루를 암꽃이 있는 곳으로 정확하게 운반할 수가 있는 것이다.

이렇게 해서 식물은 꽃이 발달하게 되었다.

이처럼 놀라운 방법을 최초로 개발해낸 것은 지금까지 알려진 바로는 목련속의 식물이다. 목련속은 약 1억년 전에 나타났다.

그 옛날, 소철 꽃가루를 먹고 살았던 딱정벌레는 꽃에서 꽃으로 옮겨다니면서 꽃가루를 실컷 포식하는 동안, 그들이 옮겨다니는 꽃의 암술머리에 그들도 모르는 사이에 꽃가루들은 흠뻑 묻혀주었을 것이다.

꽃이 등장한 이후 지구 표면은 그 모습이 완전히 달라졌다. 단지 푸르기만 하던 숲이 이제는 스스로의 아름다움을 한껏 뽐내는 온갖 꽃들로 인해 현란한 색채를 자랑하게 되었다.

곤충의 중요한 식량을 꽃가루가 대신하게 되자 어떤 식물은 두 종류의 꽃가루를 만들어냈다. 수정을 위한 꽃가루와 아주 맛이 좋은 꽃가루 두 가지를 만드는 데 맛이 좋은 꽃가루는 단순히 곤충들을 대접하기 위해 만든 것이다.

다른 식물들은 완전히 새로운 멋진 뇌물인 꿀을 만들어냈다. 이 달콤한 꿀을 생산하는 유일한 목적은, 꽃이 피는 계절 동안에 곤충들을 유혹해서 그 곤충이 자기 꽃에 머물면서 꽃가루를 묻혀 운반시켜 주도록 하는 데 있다. 꿀을 만들어내는 식물들은 이 달콤한 미끼를 이용해서 특히 벌, 나비, 파리 등의 수많은 곤충들이 꽃가루를 운반하도록 했던 것이다.

식물들은 이러한 꽃가루나 꿀 등의 뇌물을 널리 광고해야만 했다. 그래서 꽃은 점점 그 색채가 화려해져서 상당히 먼 거리에서도 쉽게 알아볼 수 있게 되었다. 더 나아가서 꽃들은 곤충이 가까이 접근했을 때 꽃가루나 화밀을 찾기 쉽도록 꽃잎 위에 표지까지 해 주었다.

예를 들어 어떤 꽃들은 중앙 부분으로 들어갈수록 꽃잎의 색깔이 점점 짙어지거나 혹은 대조적인 색깔을 나타낸다. 물망초, 접시꽃, 메꽃 등이 그 예이다. 또 어떤 꽃들은 마치 비행기에게 착륙지점을 알려주듯이 선이나 점으로써 꽃가루나 화밀이 있는 곳을 알려준다. 이런 예는 디기탈리스, 제비꽃, 철쭉 등에서 볼 수 있다. 그밖에도 우리가 직접 눈으로 볼 수 없었던 표지들이 아주 많이 있다.

꽃의 향기도 역시 중요한 유혹 수단이다 라벤더향, 장미향 등 곤충이 매혹되는 향기는 대체로 우리 인간에게도 매혹적이다. 그러나 예외가 있는데 어떤 식물은 파리를 유혹하기 위해 고기 썩는 냄새를 풍기기도 한다.

난초과 중의 일부 식물은 미인계를 사용하기도 한다. 한 특이한 난초는 암컷 말벌과 아주 비슷하게 생긴 모양의 꽃을 피우는 것이다. 눈, 더듬이, 날개, 심지어는 암컷이 내는 냄새까지 그대로 흉내낸다. 완전히 속아넘어간 수컷 말벌은 이 꽃에 황급히 달려든다. 결국 수컷 말벌은 난초 꽃 위에 다른 꽃에서 묻혀온 꽃가루를 듬뿍 떨어뜨린다. 그리고는 그 꽃에서 꽃가루를 묻힌 채 암컷으로 잘못 안 또 다른 꽃으로 꽃가루를 운반한다.

곤충들은 때때로 꽃가루를 채집하는 데는 전혀 신경 쓰지 않고 꿀만을 빨아먹으려고 한다. 따라서 꽃들은 곤충들에게 자신의 꽃가루를 운반하도록 하는 방법을 새롭게 개발해내야만 했다.

중앙아메리카산 물통난초는 곤충을 중독시킨다. 곤충은 이 난초의 꽃에 들어와 꿀을 한 모금만 빨아먹어도 한 동안 마취 상태에 빠져 비틀거리게 된다. 더군다나 꽃잎의 표면은 매우 미끄럽다. 디딜 곳을 잃고 미끄러진 벌은 아래에 있는 작은 액체통에 빠지고 만다. 이 곤경에서 빠져

나올 수 있는 유일한 방법은 단지 수술대를 타고 올라오는 것뿐이다. 비틀거리면서 수술대를 타고 올라오자면 곤충은 꽃가루 세례를 받지 않을 수가 없게 되는 것이다.

이렇게 꽃들은 인류가 지구에 등장하기 훨씬 전부터 그 짙은 향기와 화려한 색채, 그리고 우아한 모습을 가꾸어 왔다. 꽃들이 진화해 온 것은 곤충을 끌어들이기 위해서였다. 만약 나비가 색맹이었고 벌이 냄새에 민감하지 못했었다면, 인간은 자연의 세계가 보여 주는 가장 커다란 즐거움을 누릴 수가 없었을 것이다.

바다의 정복

창고기는 매우 신비스러운 생물이다. 이것은 약 6센티미터 가량의 몸길이에 가느다란 잎새와 같은 모양이며 바다 밑 모래 속에 반쯤 묻혀서 살아간다. 이것 역시 몸 구조는 단순하다. 머리라고 부를 만한 것은 없지만 앞쪽 끝에 빛에 민감한 하나의 점이 있다. 이들은 심장은 없고 오직 몇 개의 맥박치는 동맥이 있을 뿐이며 지느러미 대신 화살의 깃털처럼 뒷부분에 가볍게 부푼 곳이 있다.

그렇지만 이 단순한 생물체 속에서 우리는 물고기의 첫 징조를 찾아볼 수 있다. 창고기는 몸통 전체에 걸쳐서 등쪽에 뻗어 있는 유연성 횡근대로 연결되어 있다. 이 생물이 율동적으로 횡근대를 수축시킬 때면 그 몸통 밑에서 물결이 뒤로 흐른다. 그러한 동작이 물을 뒤쪽으로 밀게 되어 창고기는 앞으로 나아가게 된다. 즉, 수영을 하는 것이다. 이것과는 다른 유생에서 척추 동물 역사의 다음 단계라고 할 수 있는 증거가 발견되었다. 유럽과 미국의 여러 강에는 길이가 20센티미터 정도 되는 창고기와 비슷한 동물들이 있다. 이들도 개펄에 구멍을 뚫고 살며 여과식으로 먹이를 섭취하는데 이것들은 턱이 없고 장님이며 꼬리 주위의 술 외에는 지느러미도 없다. 이것들은 오랫동안 창고기의 친척으로 분류되었는데 후에 이 생물은 매우 잘 알려진 동물의 어린것이라는 사실이 밝혀졌다. 이 생물들은 결국에는 진흙 구멍을 떠나며 눈과 긴 등지느러미가 생기고 뱀장어만큼 자라는 칠성장어가 된다.

원시 어류

처음 보는 사람들은 칠성장어를 순수한 어류로 생각할 수도 있겠지만 이것은 어류가 아니다. 칠성장어는 부드러운 막대 모양으로서 일종의 등뼈를 가지고 있지만 턱이 없다. 단지 머리가 끝나는 곳에 커다란 원반이 있는데 그 가운데에 날카로운 가시 모양의 돌기들로 덮인 혀가 있다. 또한 하나의 콧구멍과 두 개의 작은 눈이 있으며, 목의 양쪽에 한줄의 아가미가 뚫려 있다. 칠성장어는 이 원반형의 입을 사용하여 물고기의 옆구리를 물며, 혀로 살을 깎아 산 채로 먹는다. 칠성장어는 그들의 조상이 한때는 바다에서 가장 혁명적인 생물이었다는 점 때문에 학자들의 관심을 끈다. 지금도 그 조상들의 흔적이 약 5억 4천만년 전의 바위 속에서 발견된다.

이들 턱이 없는 원시 어류는 대부분 아주 작고 단단한 갑옷으로 무장되어 있었다. 어떤 종류는 머리와 몸 전체가 뼈와 같은 딱딱한 껍질로 싸여 있다. 앞부분에는 칠성장어와 마찬가지로 두 눈과 중앙에 콧구멍이 하나 있다. 갑옷으로 무장된 등으로부터는 한 개의 지느러미가 달린 근육으로 된 꼬리가 나와 있다. 그들은 그 꼬리를 쳐서 물 속을

▲ 뱀장어

헤엄쳐 나가지만 앞부분이 무거워 머리를 낮추고 바닥 가까이로 다녔을 것이다. 한 두 종류는 어깻죽지 부분에 간단한 지느러미 비슷한 것이 있기는 하지만, 대부분은 꼬리 외에는 물 속을 헤엄치거나 동작을 조절하는 데 도움을 줄 수 있는 지느러미가 없다. 턱이 없기 때문에 이들 원시 어류들은 단단한 껍데기로 되어 있는 연체 동물들을 잡아먹을 수가 없었다. 단지 그들은 바다 밑바닥을 헤집고 다니면서 진흙 개펄과 그 찌꺼기를 둥근 입으로 빨아들여 먹을 수 있는 알갱이는 걸러내고 나머지는 목 양쪽에 있는 틈을 통해 밖으로 내뱉는다.

이 조그마한 원시 이류들의 무거운 갑옷은 아마 그들의 몸 속에 축적되어 있는 먹이로부터 빼낸 염분 처리의 방법으로 발생되었는지도 모른다. 또 이와 같은 갑옷은 적으로부터의 방어 수단이 되었을 것이다. 왜냐 하면 이 무렵의 바다는 크기가 2미터가 넘는 거대한 바다전갈이 휩쓸고 있었기 때문이다. 이들은 바다 밑바닥에 있는 작은 생물들을 먹이로 삼았는데 무서운 집게발이 무기였다.

원시 어류들은 몸집이 커져서 약 60센티미터 정도로 자라났다. 그들은 바다 밑바닥에서 상당히 위쪽까지 산책을 나갈 수 있었을 것이지만 여전히 능숙하게 헤엄치지 못했으며 수평지느러미도 없었다.

그러한 원시 어류들의 상황은 1백만년 동안 그대로 계속 되었다.

이 시간의 흐름 속에 산호가 나타나 산호초를 만들기 시작했으며 체절성 동물들이 바다를 떠나 육지로 올라갈 수 있는 모양으로 발전했다. 또한 중대한 변화가 이러한 원시 어류들 사이에서 나타났다. 여과 기능을 했던 목 옆의 구멍들 위에 모세 혈관들로 된 벽이 생기면서 아가미 구실을 하게 되었다. 그리고 아가미 사이에 있던 살로 된 기둥들이 뼈의 성질을 지닌 작은 막대기 모양으로 굳어졌으며 이들 뼈의 첫번째 것은 점점 앞쪽을 향해 튀어나오게 되었다. 그것을 둘러싸고 근육이 발달하여 막대기 모양의 앞쪽 끝이 위 아래로 움직일 수 있게 되었다. 이 생물이 마침내 턱을 얻은 것이다.

이제 이 바다 생물은 등뼈가 생겼기 때문에 더 이상 진흙 개펄을 뒤져야만 하거나 여과식으로 먹이를 흡수하지 않아도 되었다. 그들은 깨물 수가 있게 된 것이다. 또한 몸통 아랫부분의 양쪽에 피부자락이 생겨나 물 속을 헤엄쳐 나가는 데 도움을 주었으며, 이것이 나중에는 지느러미로 변했다. 그리하여 이 등뼈를 가지게 된 사냥꾼들은 처음으로 정확하게 방향을 잡고서 헤엄치게 되었다. 턱이 없는 원시 어류는 이러한 새로운 어류와의 생존경쟁에서 거의가 멸종하고 말았다.

연골을 발달시킨 어류

이 무렵 어류 집단은 크게 두 종류로 갈라지게 되었다.

한 무리는 더욱 연하고 탄력이 있는 가벼운 연골을 만들어내었는데 이 무리의 후예 가운데는 상어류와 가오리류가 있다. 이 무리는 그들의 몸에서 경골이 줄어들었기 때문에 그들 조상보다 무게가 훨씬 가볍다. 그러나 물보다는 무겁기 때문에 바다 밑바닥에 가라앉지 않고 떠 있으려면 항상 헤엄을 쳐야만 했다.

▲ 항상 헤엄을 치는 상어

그들은 몸의 뒷부분을 꿈틀거리는 동작과 꼬리의 강력한 힘에 의해서 바닷속을 헤엄쳤다. 그러나 이들은 갑자기 수직으로 몸을 틀 수가 없다. 앞으로 달려가던 상어는 갑자기 정지할 수 없고 단지 한쪽으로 돌 수 있을 뿐이다. 또 뒤로 헤엄을 칠 수도 없다. 더구나 만일 꼬리를 흔들지 않는다면 상어는 가라앉고 만다. 그래서 밤에는 바다 밑에서 휴식을 취하며 잠을 자는 종류도 있다.

연골 어류 중에는 물에 떠 있기 위해 항상 꼬리를 쳐야만 하는 힘든 에너지 소모 작업을 포기하고 아예 바다 밑에서 사는 종류도 있는데 이것이 바로 가오리와 홍어이다.

부레가 있는 물고기

두 번째 무리인 몸집이 큰 어류 집단은 뼈의 골격을 그대로 유지하고 있으며 오늘날 세계의 물을 지배하고 있는 종류가 바로 그들의 후손들이다. 이들은 중량의 문제를 매우 효과적으로 해결했다. 대부분의 물고기들이 살갗에 뼈로부터 만들어진 무거운 비늘을 갖고 있을 무렵, 몇 종류의 물고기들은 대양에서 연안의 물로 갈라져나와 마침내 얕은 늪이나 냇가로 들어갔다. 그러나 그러한 곳에서는 물고기들의 호흡이 곤란했다. 얕은 물은 대양에서보다 산소가 부족하기 때문이다. 따라서 물고기들은 그 얕은 물에 살게 되면서부터 산소를 섭취할 수 있는 또 다른 방법을 개발해내야만 했다. 아프리카의 강에서 사는 비처라는 물고기는 그들이 사용하던 방법을 아직도 보여주고 있다. 이들은 수시로 물 바깥으로 떠올라 공기를 한 입씩 삼킨다. 이 공기는 목을 타고 내려가 내장의 꼭대기에서부터 열려 있는 주머니 속으로 들어간다. 이 내장의 벽은 기체 상태의 산소를 빨아들인다. 비처는 여느 물고기와 마찬가지로 아가미뿐만 아니라 폐도 가지고 있다.

곧 이어 수면 위로 올라와 공기를 들이마셔서 공기주머니를 채우는 대신에 혈액이 직접 공기를 공급함으로써 공기주머니를 채우는 종류가 나타났다.

어떤 종류는 공기주머니와 내장을 연결시키는 튜브가 질긴 끈처럼 되어 있는 것도 있었다.

그리하여 물고기는 부레를 갖게 되었다.

이제 어류의 수영 기술에 큰 혁명이 일어났다. 부레를 이용하여 정확하게 물 속에서 균형을 유지할 수 있게 된 것이다. 가슴지느러미도 물고기들을 물속에 떠 있게 하는 기능에서 벗어나 물고기의 방향과 높낮이를 조절하는 데에 큰 도움을 주게 되었으며 물고기의 수영 기술도 점차 완벽하게 되었다.

감각 기관을 발달시킨 물고기

물고기는 인간이 갖지 못한 하나의 감각 기관을 가지고 있다. 그들은 몸의 다른 부분과는 조금 다르게 선이 옆구리를 따라 아래로 그리고 머리 위쪽으로 뻗어 있다. 이 선은 약간의 구멍들로 이루어져 있는데 이 구멍들은 피부 바로 밑의 한 관과 연결되어 있다. 이 옆줄을 이용하여 물고기들은 수압의 변화를 느낀다.

물고기는 헤엄을 치면서 전방에 일정한 압력을 갖는 물결을 일게 하는데 이 물결이 어떤 색다른 장애물에 부딪치면 물고기는 그 옆줄을 통해서 이 변화를 감지하게 된다. 약간의 거리를 두고도 느낄 수 있는 이 능력으로 물고기는 그 옆에서 헤엄치는 다른 물고기들의 움직임도 탐지할 수 있다. 이것은 무리를 이루어 헤엄치는 물고기들에게는 매우 중요한 기능이다.

또한 물고기의 후각은 매우 예민하다. 상어는 거의 5백 미터나 떨어진 곳에서도 피 냄새를 맡을 수 있다. 또한 물고기는 태초부터 소리를 잘 감지할 수 있었던 것 같다. 소리는 공기 속에서보다 물 속에서 더욱 잘 전달되는 데다 물고기의 몸은 수분이 매우 많기 때문에 공기 속에서처럼 특수한 통로의 도움을 받지 않고도 음파가 물고기의 머리뼈를 통과하여 세반고리관에 잘 전달된다.

▲무리를 지어 다니는 바닷속 열대어들

시각 또한 오랜 옛날부터 생긴 능력이다. 창고기의 안점은 명암의 차이를 구별할 수 있다. 효과적인 눈의 기본 모형은 몇 개 되지 않는다. 이들은 모두가 유사한 기본 구조를 갖추고 있다. 즉, 앞면은 투명한 막과 렌즈로 되어 있고 뒷면은 감광 망막으로 되어 있는데, 이것들은 완전히 밀폐된 구멍 속에 들어 있다. 이것은 오징어나 문어의 눈과 마찬가지로 인간이 만든 카메라에 이르기까지 모두 같은 모양이다.

이 눈을 또한 물고기가 발달시키고 육지에 사는 척추 동물에게 물려준 눈의 기본 구조이기도 하다.

심해에 사는 물고기

해저 7백50미터 정도의 심해에는 빛이 없어서 물고기들은 서로의 신호를 볼 수 없다. 그래서 물고기들은 그들 나름대로의 방법을 개발해 냈다.

어떤 종류는 빛을 발하는 화학 물질을 생산할 수 있는 세포를 개발해 냈다.

또 다른 물고기들은 특수 기관 안에 인광박테리아를 배양하는 부분과 그것 위에 살갗 덮개를 가지고 있어서 이 덮개로 박테리아들을 내보이고 감추는 작용을 통해 깜박깜박 빛을 발한다. 그리하여 깊은 바닷속은 계속 반짝이는 불빛으로 가득 찬다. 이와 같은 행위에는 의심할 바 없이 하나의 목표가 있다.

예를 들어 심해아귀의 등지느러미 앞부분에는 주둥이 앞까지 실처럼 가늘게 늘어진 가시가 있는데 이것의 끝부분에는 파랗게 번쩍거리는 전구 비슷한 것이 달려 있다. 그래서 다른 물고기들이 이 흔들거리는 불빛을 조사하기 위

해 바짝 다가오면 아귀는 갑자기 그 커다란 입을 벌려 먹이를 꿀꺽 삼켜버린다. 이 외에도 열대 지방의 강은 부유식물로 완전히 덮여 있는데, 그 썩어가는 잎사귀들 때문에 강물은 검고 탁하다. 여기서 사는 물고기들은 다른 어떤 생물들이 흉내낼 수 없는 방법을 개발했다. 그들은 자기 몸 안에서 전기를 일으킨다.

이 물고기들은 발전을 하고 이 발전된 전기를 내보내는 역할을 하는 옆구리 근육을 개발했다. 어떤 물고기 종류는 계속해서 신호를 내보내는가 하면, 또 어떤 종류는 한꺼번에 집중적으로 신호를 내보내기도 한다. 각 종류는 저마다의 암호가 있어서 이들이 전기를 보낼 때면 주위에 어떤 물결 무늬가 생긴다. 그리고 어떤 장애물을 만나면 그 물결 파동이 흐트러지게 된다. 물고기는 이 변화를 느낄 수 있으며 어둡고 캄캄한 수중에서도 주변에 있는 물체의 모양과 위치까지 파악한다.

이러한 물고기 가운데 가장 특이한 것은 남아메리카의 전기뱀장어이다. 전기뱀장어는 항상 낮은 전압의 방향 탐지용 전기 외에도 순식간에 강력한 충격을 주는 또 다른 전기를 방출할 수 있다. 이 전기 충격은 너무 강력해서 만일 고무장갑과 고무 장화 없이 맨손으로 이것을 붙잡았을 경우 뒤로 벌렁 넘어질 정도이다. 전기뱀장어의 이러한 전기 방출은 먹이 사냥용으로 쓰인다. 전기뱀장어는 전기를 이용하여 먹이를 잡는 매우 희귀한 지구상의 동물 가운데 하나이다.

턱이 없고 무거운 갑옷을 뒤집어 쓴 생물이 고대의 진흙질 바다 밑에서 꼬리를 흔들거리기 시작했던 때로부터 5억 년이 지난 오늘날, 지구상의 물고기는 약 3만 종에 이르렀다. 그것들은 바다의 구석구석과 강, 호수 어디에서나 살고 있다. 지구 표면의 4분의 3이 물로 덮여 있는 데에 따라서 물고기는 지구의 4분의 3을 차지하고 있는 것이다.

육지로 진출하다

약 3억 5천만년 전 어느 민물이 고여 있는 늪에서 생명의 역사 중 가장 중요한 사건이 발생했다. 물고기가 물 속에서 나와 육지에 자리를 잡고 살게 된 것이다. 이것이 육지에 살게 된 최초의 척추동물이다. 그들도 육상의 다른 무척추 동물처럼 두 가지의 문제를 해결해야만 했다. 즉, 물 밖에서 어떻게 활동하느냐 하는 문제와 공기 중에서 산소를 어떻게 호흡하느냐 하는 문제가 바로 그것이다.

이 두 가지의 중요한 문제를 그럭저럭 해결한 물고기로서 오늘날까지 살아 있는 것이 망둑어이다. 이것은 육지에 올라와 서식하게 된 물고기들과는 밀접한 관련이 없지만 이 망둑어가 잠깐 동안 육지로 이동하는 이 과정은 우리에게 알려주는 바가 크다.

망둑어는 길이가 불과 몇 센티미터밖에 안 되는 것으로 열대의 홍수림 부근의 늪이나 질척거리는 만 등 바다와 이어진 개펄에 있는 진흙 웅덩이 속에서 볼 수가 있다. 또한 홍수림의 땅 위로 구부러진 뿌리에 매달려 있거나 나무 줄기를 기어올라가는 이 물고기들의 모습을 볼 수도 있다. 주위에 갑작스런 소란이 있거나 큰소리가 들리면 이들은 생명의 안전을 위해 물 속으로 팔딱 뛰어든다. 망둑어는 곤충이나 기타 무척추 동물 등, 질척거리는 개펄 위에서 우글거리는 먹이를 잡아먹기 위해 밖으로 기어 나온다. 이들이 움직일 때는 유연한 몸꼬리를 갑작스럽게 구부려 팔짝 뛰는 방법을 취한다. 그들은 또한 앞부분에 있는 한 쌍의 지느러미를 이용하여 앞으로 조금씩 나아가는 좀더 조용한 방법을 쓸 때도 있다. 이들의 지느러미는 그 내부를 뼈로 지탱해 주고 있기 때문에 단단한 목발의 역할을 한

▲지느러미를 이용해 개펄위로 올라가려는 망둑어

다. 이 목발을 이용하여 망둑어는 앞으로 나아가는 것이다.

이와 같은 지느러미는 그 옛날 육지에로의 이동이 처음 일어났을 때 당시의 원시 어류 모두가 가졌던 것과 원칙적으로 비슷하다. 그들 가운데 가장 유명한 것이 공극어 종류이다. 공극어는 화석을 통해 여러 종류가 밝혀졌다.

물 밖에서의 호흡을 해결한 어류

초기의 물고기들은 어떤 방법으로 물 밖에서의 호흡이라는 어려운 문제를 해결할 수 있었을까?

망둑어는 입 속에 물을 머금었다가 머리를 한 번 돌려 입 둘레를 적심으로써 산소를 얻는 문제를 해결한다.

또한 축축한 몸뚱이 살갗을 통해 대기 중에서 산소를 직접 호흡하기도 한다. 그러나 이러한 방법으로는 물 밖에서 잠깐 동안 밖에 머무를 수가 없다. 망둑어는 살갗을 적시고 신선한 물을 다시 입 속에 머금기 위해 물 밑으로 되돌아가야만 한다. 공극어를 조사해 보아도 지금은 깊은 물 속에서 떠나지 않기 때문에 그 문제에 대한 해답을 얻을 수가 없다. 어쨌든 그러한 문제의 해답을 제시해 주는 살아 있는 동물이 또 있다.

아프리카의 여러 강 주변의 많은 늪은 건조기면 햇볕에

바짝 마른 진흙밭으로 변해 물고기들이 죽지만 폐어라는 물고기만은 그 속에서 호흡하며 건조기 동안도 생존한다. 웅덩이가 줄어들면 폐어는 진흙 바닥을 파고 들어간다. 그 속에서 폐어는 둥그렇게 몸을 말고 꼬리로 머리를 감싸며 구멍에 바르기 위해 점액을 분비한다. 진흙으로부터 마지막 물기가 없어지고 나면 점액은 양피지처럼 변한다. 그러면 양피지 같은 막에 나 있는 작은 구멍들과 연결된 입 속으로 공기가 흘러들어 간다. 폐어는 목근육이 펌프장처럼 움직이는 작용에 의해서 목을 통해 주머니 속으로 공기를 보낸다. 이 주머니의 벽은 모세 혈관이 두껍게 덮여 있으며 그 모세 혈관들이 산소 가스를 흡수한다. 이들 기관은 간단한 폐에 해당되며, 이 폐의 도움을 받아 폐어는 몇 달 내지는 1년 정도는 생존할 수가 있다.

드디어 비가 내리고 연못이 다시 물로 채워지면, 이 물고기는 몇 시간 내에 생기를 되찾아 양피지 막과 다시 부드러워진 진흙 속에서 꿈틀꿈틀 기어 나와 자유롭게 헤엄을 치며 떠나간다. 물 속에서는 다른 물고기와 마찬가지로 아가미로 숨을 쉬지만 수면 위에서 공기를 한 입 들이마시기 위해 뛰어오르는 등, 때때로 폐를 사용할 때가 있다.

이들 폐어는 약 3억 5천만년 전의 지구에서 매우 번창했으며 공극어의 화석이 나오는 암석층에서 이들의 화석이 자주 발견된다. 이 폐어와 공극어는 고대 육지를 개척했던 물고기들이 필요로 했던 기초 능력을 모두 갖췄던 것이다. 그러나 이 두 종류의 물고기는 육지를 영구히 영토화한 물고기라고 평가할 수는 없다. 이들은 양서류의 첫 화석과는 두개골의 구조가 너무도 달랐기 때문이다.

양서류의 조상

그 초기의 중요한 시기에 형성된 암석층에서 우리는 세 번째의 물고기를 찾아볼 수 있다. 이 물고기 역시 공극어와 폐어처럼 널리 퍼져 살았던 집단에 속한다. 또한 공극어처럼 다리의 역할을 하는 지느러미를 가졌으며 폐어처럼 내장으로부터 공기 호흡을 하는 주머니들을 가졌던 것 같다. 그러나 이 종류는 공극어나 폐어에게서는 찾아볼 수 없는 매우 특이한 골격을 갖추고 있는데 콧구멍과 입천장을 연결하는 통로가 바로 그것이다. 육지의 모든 척추 동물이 이러한 모습을 갖추고 있는 점으로 보아, 이것이 육지 척추 동물의 조상 계열과 아주 밀접한 관련이 있다고 상상할 수 있는 물고기인 것 같다. 이 물고기를 유스테노프테론이라고 부른다. 화석화된 이들의 지느러미를 자세히 조사한 결과, 지느러미가 돋아난 부위의 둥근 돌출부는 몸에 붙은 강한 뼈로 지탱된다는 사실이 밝혀졌다. 그리고 두 개의 뼈가 이 뼈에 연결되어 있었으며, 작은 뼈들과 손가락 같은 뼈가 연결되어 있어서 육지 척추 동물의 사지에서 볼 수 있는 그런 형태였다. 아마 그들은 오늘날의 폐어와 마찬가지로 늪에서 주기적으로 이동을 하면서 살아가는데, 물이 마르면 다른 물을 찾기 위해 폐와 다리를 사용했던 것 같다. 아뭏든 이들 동물은 수 천년 이상 먹이를 찾아 어기적거리며 물 밖에서의 이동과 호흡에 효과적으로 적응하게 되었다.

그들이 어기적거리며 다니던 늪에는 많은 속새류와 석송 따위가 짙게 깔려 있었다. 이들 식물군은 결국 석탄으로 굳어졌고 육지에 살았던 최초의 척추 동물, 즉 양서류의 뼈가 석탄 광산에서 오늘날에도 발견된다.

알과 새끼의 보호

첫 양서류가 모습을 나타냈을 때의 육지는 그 알과 새끼들에게 비교적 안전한 장소였다. 그 때에는 이들의 알을 훔치거나 새끼들을 한 입에 삼킬 척추 동물이 없었기 때문에 굶주린 고기 떼에게 협박당하던 수중 생활의 위험과는 비교될 수 없었다.

그러나 오늘날은 육지는 양서류의 번식을 위한 좋은 장소가 되지 못한다. 육지에는 그들의 알과 올챙이를 발견만 하면 맛있게 먹어치우는 파충류와 조류 심지어는 포유류까지 살고 있다. 그럼에도 불구하고 오늘날에도 많은 개구리와 두꺼비들이 이러한 방법을 취한다.

유럽산 산파두꺼비라는 것이 있는데 이것은 물에서 멀리 떨어지지 않은 육지에 굴을 파고 일생의 대부분을 보낸다. 이들은 육지에서 암컷이 알을 낳으면 수컷은 수정을 한다. 수정을 끝낸 뒤 약 15분 후, 수컷 두꺼비는 그 알끈을 제 뒷발에 감아 가지고 다닌다. 몇 주일 동안 수컷은 어디를 가든 뒤뚱거리며 이 알과 함께 다닌다. 만일 그의 주위가 위험할 정도로 건조해지면 그 수컷 두꺼비는 좀더 습기찬 곳을 찾아 이동한다. 마침내 알이 깨어날 때쯤 되면 물웅덩이 가장자리로 뛰어내려 알이 매달려 있는 다리를 물 속에 담근다. 그는 알이 부화되어 올챙이들이 모두 나올 때까지 거기서 머물다가 다시 제 구멍으로 돌아간다. 남아메리카의 독개구리는 이와는 약간 다른 방법을 택한다. 그들은 습기찬 땅에다 암컷이 알을 낳으면 수컷이 알 옆에 쪼그리고 앉아 그것들을 지킨다. 부화된 올챙이들은 즉시 꿈틀꿈틀 몸을 움직여 수컷 등 위로 기어오른다. 수컷은 등에서 끈적끈적한 점액을 분비하여 올챙이들이 등에서 굴러 떨어지지 않도록 하고 메말라 붙는 것을 방지한다. 올챙이는 아가미가 없기 때문에 온몸의 살갗과 긴 꼬리를 통해 공기를 흡수한다.

이와 같은 방법들 가운데서도 가장 기이한 것은 다윈이

남부 칠레에서 발견했던 작은 개구리인 리노데르마가 취하는 방법이다. 이 개구리는 암컷이 축축한 땅 위에 알을 낳으면 수컷들을 그 주변에서 떼를 지어 앉아 알을 지킨다. 흐늘거리는 젤리와 같은 타원형의 주머니 속에서 알이 움직이기 시작하면 수컷들은 앞으로 몸을 숙여 그것들을 먹는 것 같은 태도를 취한다. 그러나 그들은 알을 삼키는 것이 아니고 수컷의 몸 안쪽 바로 밑까지 길게 늘어나는 커다란 소리주머니 속에 이 알들을 간수하는 것이다. 알들은

▲ 남아메리카의 개구리

수컷 개구리의 이 소리주머니 속에서 완전히 성장한다.

그래서 어느 날 수컷 개구리가 한두 번 목을 꿀꺽꿀꺽하다가 갑자기 입을 크게 벌려 하품을 하는 듯한 모습을 하면 완전히 모양을 갖춘 새끼 개구리들이 그 입으로부터 팔딱팔딱 뛰어나온다. 이와 같이 다양하고도 독창적인 방식으로 그들은 새끼들의 양육에 있어서 물에 의존하는 방법을 최소한으로 줄여왔다. 그렇기는 하지만 그들의 주위는 항상 습기가 유지되어야 한다.

왜냐 하면 그들의 살갗은 삼투성이기 때문이다. 그러나 그들 중 한두 종류는 주위 환경이 반드시 이렇게 되어야 할 필요가 없을 정도로 자신을 조질하는 데 성공했다.

때로는 몇 년 동안 비 한 방울 내리지 않는 중앙오스트레일리아의 사막 지방은 양서류에게는 지극히 불리한 곳일 것이다. 그런데도 한두 종류의 개구리는 그러한 곳에서조차도 살아갈 수 있었다. 물간직개구리인 시콜로라나는 사막의 짧은 폭우 기간 동안에만 땅 위에 나타난다. 그럴 때는 바위 위나 사막의 들판에도 며칠 또는 몇 주일 동안 물이 고일 경우가 있다.

물간직개구리는 비와 함께 나타난 곤충 떼를 잡아 먹는다. 그리고는 암컷 수컷이 짝을 맞춰 얕고 미지근한 물웅덩이 속에 알을 낳는다. 알이 부화되고 올챙이들이 급속히 성장한다. 이제 빗물이 스며 없어지고 사막이 다시 한 번

건조해지면 개구리들은 큰 놈이고 새끼고 할 것 없이 모두 그들의 살갗을 통해 한껏 물을 흡수해서 몸통이 둥그렇게 변하여 거의 터질 지경에까지 이르게 된다. 그러면 그들은 부드러운 모래땅을 파고 들어가 그곳에 작은 보금자리를 만든다. 여기서 그들은 자신의 살갗에서 점액을 분비하여 비닐로 포장된 과일처럼 자기 몸을 감싼다. 비록 호흡을 통해 약간씩 수분을 잃게 되겠지만 이같은 방법은 살갗을 통한 수분 상실을 막아주는 것이다. 이 개구리는 이같은 가사 상태에서 적어도 2년은 버틸 수 있다. 이것은 양서류의 옛 사촌인 폐어의 방식을 떠오르게 한다.

그렇기는 하지만 이 개구리 역시 활동적인 생활을 할 수 있는 시기는 사실상 사막이 물에 젖어 있는 그 짧은 순간으로 모여진다. 비가 오지 않는 곳이나 물이 전혀 없는 곳에서 살아남아 활동적인 생활을 하고 새끼를 키우려면 개구리는 방수 살갗과 방수 알을 갖지 않으면 안 된다. 이 두 가지 조건을 얻게 되는 문제는 그 다음 단계로 나타나는 위대한 진화의 한 전기가 되었다. 따라서 양서류의 시대는 종말을 고하게 되고 그 다음의 위대한 집단, 파충류의 시기가 오게 된다.

공룡 시대

아직도 파충류가 지배하는 유일한 곳을 찾는다면 태평양에 있는 갈라파고스 제도일 것이다. 그곳의 여러 섬들 주변의 바위에는 도마뱀들이 떼를 지어 살고 있으며 거대한 거북들이 선인장 사이를 어슬렁거리고 있다.

갈라파고스 제도는 화산 섬으로 대양이 작열하는 적도선상에 있다. 만일 양서류라면 이곳에서는 열에 의해 몇 분도 안 되어 오그라져 죽게 되겠지만 이구아나만은 번창하고 있다.

이들은 양서류와는 달리 살갗이 삼투성이 아닌 방수성이기 때문이다.

이 섬의 이구아나는 두 종류가 있다. 한 종류는 육지이구아나로 관목 덤불 속에서 살고 있으며 또한 종류는 바다이구아나로 해변가의 용암 바닥에서 떼를 지어 살고 있다. 이들은 햇볕을 쏘이는 일이 가장 중요한 활동이다. 동물들은 그 몸의 생리적 작용에 있어서 열의 영향을 매우 많이 받는다. 온도가 높으면 높을수록 생리 작용도 그만큼 더

빨라지고 에너지도 더 많이 발생된다. 그러나 양서류는 태양열에 자신의 몸을 직접 노출시키면 말라 버리기 때문에 노출시킬 수가 없지만 그런 문제는 없다. 바다이구아나는 가장 효과적으로 그들의 체온을 유지하며 살아가고 있다. 새벽이 오면 그들은 태양을 향해 옆구리를 돌리고 누워 가능한 한 많은 태양열을 흡수한다. 태양이 점점 높아짐에 따라 그들은 과열된 몸을 식히기 위해 뜨거운 용암에서 몸을 떼어 그늘이나 바위 틈에 몸을 숨긴다. 그들은 한낮쯤

되어 일사병에 걸릴 위험이 있을 때쯤 되면 수영을 한다. 초식성인 그들은 바닷가 바위에 매달려 바닷말을 갉아먹기도 하고 바다 밑바닥으로 잠수하기도 한다.

그러나 찬 바닷물 속에 오랫동안 머물러 있지는 못한다. 체온이 떨어지기 때문이다. 그들은 밤이 오기 전에 가능한 한 많은 태양열을 흡수하기 위하여 다시 한 번 용암 등성이로 모여든다. 이러한 방법을 통하여 이구아나도 거의 인간 체온과 맞먹는 섭씨 37°의 체온을 항상 유지한다. 그래서 흔히 파충류를 냉혈성이라고 부르는 것은 잘못된 것이다.

조류와 포유류처럼 몸 안에서 열을 생산해 내는 방법은 많은 잇점을 지니고 있다. 그렇다면 밤에도 생명체가 활동을 할 수 있다. 또한 파충류는 살아갈 수 없는 추운 지방에서도 계속 살아갈 수 있다.

그러나 이러한 특권에 대한 댓가가 매우 비싸다. 그들이 섭취한 열량의 약 80%정도는 평상 수준의 체온 유지를 위해 소모된다. 그러나 파충류는 태양으로부터 직접 열을 받기 때문에 같은 크기의 포유류가 필요로 하는 영양분이 10퍼센트면 살아갈 수 있다. 그러므로 다른 동물은 굶어 죽을 수밖에 없는 사막에서도 파충류는 살아 남을 수 있으며, 바다이구아나는 토끼 한 마리도 살아가기 힘든 작은 초목으로도 종족이 번창할 수 있는 것이다.

육지를 지배한 공룡

네 다리와 단단한 살갗, 방수성 얇은 껍질을 가진 알을 낳게 된 파충류는 이제 극지를 제외하고는 세계 곳곳에서 살아갈 수 있게 되었다.

어룡, 사경룡 등 일부는 다리가 지느러미 모양의 발로 변해 수중 생활을 하게 되었다. 또 일부는 하늘을 차지하는 익룡이 되었고 육지는 공룡이 지배하게 되었다.

공룡은 어떤 것은 병아리 정도의 크기밖에 안 되는 것도 있었지만 또 다른 것은 이 세계에 알려진 육지 동물 가운데서 가장 큰 것이었다.

몇 종류의 공룡은 어떻게 해서 그토록 거대하게 자랄 수 있었을까? 거기에는 적어도 두 가지 이유가 있을 수 있다.

아파토사우루스와 같은 길이가 보통 25미터에 무게가 30톤 가량인 가장 큰 종류의 이빨을 조사해 보면 공룡은 초식동물이었다는 점이 분명하게 드러난다. 공룡은 새김 능력이 뒤떨어졌기 때문에 음식의 소화는 전적으로 위장 속에서 이루어졌다. 그래서 소화가 되려면 상당한 시간이 걸렸기 때문에 공룡의 위장은 오랜 발효 과정이 진행되는 동안 저장통 구실을 하기 위해 매우 커야만 했다.

큰 공룡은 이 위장을 달고 다닐 큰 체구를 필요로 했다. 이와는 달리 폭군룡과 같은 육식 공룡은 거대한 초식 동물

늘을 먹이로 하기 위해 단단한 뼈대 구조를 갖춰야 했을 것이다.

두 번째 이유로 공룡의 몸집이 크게 된 데에는 모든 파충류에게 공통으로 문제되는 체온 조절 때문일 것이다. 몸이 크면 클수록 열을 오랫동안 보존할 수 있으며 온도 조절도 할 수 있기 때문이다. 검룡의 등에는 두 줄의 다이아몬드 모양의 판들이 있었다. 한때는 이 판이 갑옷으로 생각되었던 적도 있었으나 뼈를 자세히 조사한 결과, 이 판에는 혈관이 가득찬 살갗으로 덮여 있었다는 사실이 밝혀졌다. 따라서 이 공룡은 오늘날 바다이구아나가 하는 것과 같은 방법으로 온도를 조절했던 것 같다.

몸집이 보다 작은 공룡들의 뼈는 이들이 매우 빠른 동작으로 움직일 수 있었다는 것을 보여주고 있다. 이 점으로 보아 공룡의 피의 온도가 매우 높았다는 것을 추측할 수 있다. 오늘날의 모든 온혈 동물은 살갗의 위 또는 바로 밑에 단열 조직인 머리털, 지방층, 깃털을 갖추고 있다.

그러나 현대의 파충류 살갗에는 그런 단열 조직이 없을 뿐만 아니라, 공룡 역시 그러한 것이 있었다는 증거가 없다.

▲ 초식공룡인 브라치오사우르스

공룡 왕국의 멸망

최초의 공룡 화석은 영국의 남부에서 발견되었는데 이때 '무시무시한 도마뱀' 이라는 뜻으로 공룡이라는 이름을 붙여 주었다. 그 후로 세계 곳곳에서 많은 표본이 발견되었다.

이 파충류는 1억년 이상이나 지구를 지배했으며 그 동안에 수백 종이 나타났는데 번성하다가 사라지면서 다른 종이 계속 그 대를 이었다. 공룡은 모두가 한결같이 괴물같이 생긴 것은 아니어서 2억 천5백만년 전에 살았던 초기 공룡인 프로콤프소그나투스는 30센티미터 정도의 키에 가

▲티아노사루스의 화석뼈

날쁜 새같이 생긴 모양이었다. 그러나 6천4백만년 전 공룡 시대가 끝날 무렵 가장 큰 공룡은 몸무게가 약 75톤이나 되었다.

무엇이 이 공룡들을 멸종시켰는지에 관해서는 많은 논란이 있다. 어떤 학자들은 그 이유로 지구상의 대재변을 들기도 하지만 이 견해는 별로 설득력이 없다. 왜냐 하면 그 당시 사라진 동물은 공룡뿐이었으며 다른 동물들은 계속 생존했기 때문이다.

또 다른 견해에 의하면, 이때 당시 크게 번성하고 있던 포유류들이 공룡과 더불어 먹이를 놓고 치열한 싸움을 시작했으며, 이 포유류들의 뛰어난 지능으로 인하여 공룡들은 멸종되었으리라는 주장이다. 그러나 화석에 의해 알 수 있듯이 그 당시의 포유류는 뒤쥐 정도의 아주 작은 것이었다. 그처럼 몸집이 작은 동물들이 전체 공룡들을 멸종시킬 만큼 그렇게 엄청나게 먹어치웠으리라고는 생각할 수 없다.

그러나 식물 화석은 제법 타당성 있는 증거를 보여 주고 있다. 이 화석에 의하면 식물들은 기후 변화에 의해 갑자기 변했다. 약 6천3백만년 전, 그러니까 공룡이 사라졌던 시기와 매우 비슷한 그 당시에 지구가 갑자기 추워졌던 것이다. 그래서 이 차가운 기온 때문에 공룡들이 멸종했을 가능성이 크다.

▲ 백악기 후기에 활동한 트리케라톱스

일부 공룡들은 어느 정도 자체 몸 안에서 열을 얻을 수 있는 능력이 있었다고 하더라도 몹시 추운 밤이 계속되었다면 몸집이 큰 공룡으로서는 다시 회복하기 어려울 만큼 열을 빼앗겼을 것이다. 추위로 덜덜 떨리던 몸을 가지고는 공룡도 그 커다란 몸집을 움직일 수 있는 충분한 에너지원을 모을 수가 없었을 것이다. 초식을 하던 공룡들은 계속되는 찬 날씨 때문에 멸종될 수밖에 없었으며 따라서 초식 공룡을 잡아먹던 육식 공룡들도 사라지게 되었다.

점점 추워지는 날씨 영향으로부터 벗어날 수 있는 방법이라고는 오늘날 살아 있는 파충류들이 그렇게 하듯 두 가지 길밖에 없었다. 하나는 된서리가 미치지 않는 땅굴이나 바위 틈을 찾아 동면으로 들어가는 것이다. 그러나 이 방법은 몸집이 작은 동물일 때만 가능할 뿐이다.

또 다른 하나의 방법은 물 속으로 깊이 들어가는 것이다. 물은 공기보다 더 오랜 시간 열을 간직할 수 있기 때문에 갑작스럽게 다가오는 추위를 피할 수 있을 뿐만 아니라 추운 계절이 길게 계속 될 경우 좀더 따뜻한 지역으로 수영을 하여 이동하는 방법이 있다. 이 방법은 몸집이 큰 동물에게도 이용이 가능한 방법이다. 이 방법은 공룡 시대부터 오늘날까지 살아 있는 파충류의 세 가지 동물인 악어, 거북, 도마뱀이 택하여 이익을 보고 있는 것이다.

악어들의 공동 생활

화석을 통해 보면 공룡 시대에도 이미 악어가 있었다. 악어는 살아 있는 파충류 무리 가운데 가장 큰 종류에 속한다. 동남 아시아에 살면서 바다까지 헤엄쳐나가는 거대한 악어 중에는 길이가 6미터를 넘는 것도 있다.

나일 강의 악어들은 갈라파고스 제도의 이구아나들이 하는 것과 아주 비슷한 방법으로 체온을 유지한다. 그들은 모래 언덕 위에 누워 햇볕을 쬐며 하루의 대부분을 보낸다. 그러나 악어는 몸집이 커서 짧은 시간의 일기 변화에

▲ 공룡시대부터 살아남은 악어

는 별로 영향을 받지 않는다. 또한 체온을 식히는 데도 나름대로의 독특한 방법을 사용하고 있다. 하품을 계속하여 공기가 입안의 부드러운 가죽 너머로 흘러들게 하는 것이다. 그리고 밤이 되면 따뜻한 강물 속으로 내려가 지낸다.

악어들의 공동 생활은 상당히 복잡하다. 수컷들은 물가에서 멀리 떨어지지 않은 젖은 땅을 조사하면서 산란 장소를 찾으러 다닌다. 수컷들은 서로 좋은 산란 장소를 차지하기 위하여 다른 수컷들과 으르렁거리며 싸움을 벌인다. 암컷과는 물 속에서 교미를 하는데 시간은 불과 2~3분 정도이다.

악어의 암컷은 수면 높이보다 위쪽의 한 장소에 구멍을 파고 알을 낳는다. 산란은 밤에 하며 몇 차례에 걸쳐 약 40개 정도를 낳는다. 종류에 따라서는 알들이 항상 일정한 온도를 유지할 수 있도록 더욱 깊게 구멍을 파는 것도 있다. 바다악어는 풀더미를 만들어 알 낳는 둥지로 사용하는데 날씨가 너무 더워지면 그 풀더미 위에 오줌을 누어 더위를 식혀준다.

나일악어는 알에서 깨어날 시기가 가까워오면 알 속에 들어 있는 새끼가 날카로운 신호를 보낸다. 이 신호 소리는 매우 커서 껍질과 모래를 통해서 나오는데 몇 미터 떨어진 곳에서도 들을 수 있을 정도이다. 이 소리를 들은 어미는 알을 덮고 있는 모레를 파헤치기 시작한다. 모래를 뚫고 새끼들이 모습을 나타내면 어미악어는 그 커다란 이빨을 조심스럽게 집게로 이용하면서 입으로 물어 올린다. 어미악어의 아가리 밑바닥에는 특수한 주머니가 발달되어 있어서 이 안에 여섯 마리가 모두 채워지면 물 속으로 들어가 입을 반쯤 벌린 채 헤엄을 쳐 나가는데, 이때 새끼악어들은 어미의 이빨 사이로 밖을 엿본다. 어미악어는 수컷의 도움을 받아 새끼들을 곧 늪속의 특수 양육장으로 옮긴다. 이곳에서 암수 두 마리의 악어가 한가하게 물 속에 누워 망을 보고 있는 동안 새끼악어들은 개구리나 물고기 따위를 잡아먹으며 작은 구멍들 속에 숨어 두 달을 보낸다.

갑옷으로 무장한 거북

악어만큼 오래된 조상을 가진 거북도 역시 그들 나름대로의 방어술을 개발했다. 거북은 비늘을 단단한 각질판으로 확대시키고 이 각질판을 밑에서부터 뼈로 강화시켰다. 그들은 위험에 빠지게 되면 일단 머리와 네 발을 그 속으

▲ 단단한 등 갑옷을 가진 거북

로 움츠러들게 하여 몸을 난공불락의 갑옷 속에 파묻히게 하였다.

이 방법은 아직까지 척추 동물이 개발한 것 중에서 가장 효과적인 갑옷이다. 거북들 가운데 한 무리는 물로 들어가 바다거북이 되었다. 몸이 무거운 동물로서는 육지에서 움직이는 것보다 헤엄을 쳐서 움직이는 것이 더 수월하긴 했지만 두꺼운 껍질의 알은 물 속에서는 깨어날 수가 없었다. 그래서 어미 바다거북은 모래 해안으로 기어올라와 육지에서 사는 그의 친척들처럼 구멍을 파고 알을 낳는다.

비늘을 발달시킨 도마뱀

살아 있는 파충류 중의 세 번째 무리인 도마뱀은 악어나 바다거북에 비해서 수가 훨씬 많다. 도마뱀 종류는 상당히 많은 과로 분리되어 있는데 이구아나, 카멜레온, 스킨크, 모니터 그 외에도 몇 종류가 더 있다. 이들 도마뱀들은 모두가 비늘을 발전시켜 매우 귀중한 방수 살갗을 보호하고 있다.

이 비늘은 인간의 손톱처럼 감각이 없는 단단한 물체이며 차츰 닳는 성질이 있다. 따라서 도마뱀은 1년에 몇 번씩 비늘을 갈지 않으면 안 된다. 새 비늘이 헌 비늘 밑에서 자라나고 헌 비늘은 허물을 벗는 것이다. 비늘은 몸이 닳는 것을 직접 방지하는 일 이외에도 여러 가지 면에서 도마뱀을 돕는다. 파충류 가운데 일부 카멜레온들은 마치 비늘이 뿔로 변해 자라는데, 그 뿔은 한 개짜리, 두 개짜리, 세 개짜리, 심지어는 네 개짜리까지도 있다.

도마뱀은 꼬리와 발이 점점 퇴화해 가는 단계를 보여주고 있다. 유럽산 뱀도마뱀이라 불리우는 또다른 도마뱀은 비록 몸 안에는 어깨와 엉덩이뼈의 흔적이 있기는 하지만 아예 발이 없다.

뱀의 출현

이러한 발의 퇴화 과정을 통해 1억년 전에 뱀이 나타났다. 뱀도 한때는 다리가 있었으리라고 추측된다. 실제로 비단뱀 종류와 보아 종류는 아직도 몸 안에 엉덩이뼈의 흔적이 있으며 항문 양쪽에 두 다리의 흔적을 갖고 있다.

뱀은 새로운 이동 방법을 개발했다. 뱀들은 옆구리 근육을 구부려 몸통이 S자형 곡선으로 하여 나아간다. 양옆구리는 돌이나 나뭇가지 등 땅 위의 장애물에 압력을 가하게 되고 그 지레 작용을 통해 뱀은 앞으로 나아갈 수가 있는 것이다. 만일 뱀의 조상들이 땅 속에서 일생을 보냈다고 한다면 그들의 먹이는 벌레나 흰개미류, 뒤쥐처럼 땅 속에서 살던 원시 포유류였을 것이다. 그러나 뱀이 땅 위로 올

▲ 치명적 독을 가진 방울뱀

라오면서부터는 먹이의 범위가 넓어지게 되었다. 요즈음 일부 비단뱀이나 보아 종류는 영양이나 염소를 통째로 삼킬 정도이다. 이 뱀들은 먹이를 입으로 물어 잽싸게 칭칭 감아서 숨을 쉴 수 없도록 가슴을 죄어 죽인다. 따라서 먹이감은 몸이 으스러진다기보다는 숨이 막혀 죽게 된다.

좀더 발달된 뱀은 먹이를 질식시켜 죽이지 않고 독을 사용하여 죽인다. 독이빨을 가진 일부 독뱀류는 위턱 뒷부분에 있는 특수한 이빨을 이용하여 독액을 주입한다. 이 독뱀류는 먹이를 한번 깨문 뒤에도 먹이를 놓지 않고 독이 먹이감의 온몸에 퍼지도록 턱을 좌우로 흔들며 물고 씹기

▲ 코브라

도 한다.

또 다른 뱀은 먹이를 죽이는 방법도 한층 세련되어 있다. 코브라와 맘바, 바다뱀들은 짧고 움직일 수 없는 독니들을 가지고 있지만 살무사의 이빨은 너무 길어서 보통 때는 입천장을 따라 납작하게 뒤로 구부려 두지 않으면 안 된다. 살모사는 먹이를 공격할 때면 입을 크게 벌려 독니가 붙어 있는 뼈를 돌려서 이빨이 앞으로 나오도록 한다. 그래야만 먹이를 재빨리 물 수 있기 때문이다.

이 중에서도 멕시코 및 미국 남서부의 방울뱀이야말로 지구상의 여러 동물들 가운데서 가장 뛰어난 살생자의 하나이다. 방울뱀은 한밤중에도 50센티미터 거리에서 꼼짝 않고 웅크리고 있는 작은 땅다람쥐의 존재를 알아차린다. 그러면 이 뱀은 배의 비늘을 세워 거의 소리를 내지 않고 다람쥐 옆으로 미끄러져 접근한다. 일단 목표물이 공격권 안에 들어오면 초속 3미터의 속도로 먹이를 덮쳐 커다란 한쌍의 독니로 치명적인 독액을 주사한다. 방울뱀도 다른 파충류와 마찬가지로 태양열을 직접 흡수하기 때문에 먹이를 그렇게 많이 필요로 하지는 않는다 1년에 12회 정도의 식사면 충분하다. 바위 틈이나 멕시코 사막의 선인장 사이에서 또아리를 틀고 누워 있는 방울뱀이야말로 무서울 것이 없는 환경의 지배자이다.

파충류는 실로 그 방수 살갗과 방수 알로 인하여 사막을 이겨낸 최초의 척추 동물이 된 것이다.

하늘의 주인공

깃털은 매우 우수한 장비로써 이것은 파충류의 비늘이나 인간의 손톱 주성분과 같이 각질로 형성되어 있다. 또한 한 개의 깃축을 중심으로 양편에 각각 1백 개 이상의 실 모양의 깃가지가 나 있다. 각 깃가지 또한 그 중심축 양편에 각각 1백여 개의 작은 깃가지로 되어 있다. 이러한 부드러운 깃털로 이루어진 새의 깃은 그 구조 자체가 매우 유연하고 공기를 감쌀 수 있을 정도로 보풀보풀하다. 따라서 이 깃털은 우수한 단열 효과를 발휘한다. 특히 날개 깃털은, 보통 때는 그 옆에 있는 깃가지들과 겹쳐져 있으나 펼치게 되면 서로 갈고리 모양의 돌기에 엇물려 날갯죽지 위의 짧은 깃과 연결되어 있게 된다. 새가 다른 류의 동물들과 구별되는 특징들도 그 대부분이 이 깃털이 주는 은혜로 모아진다. 깃털을 가졌느냐 안 가졌느냐 하는 한 가지만으로 조류냐 아니냐를 구별하는 기준이 되는 것이다.

▲ 시조새의 화석

시조새의 출현

1860년 독일의 쥐른호펜에서 섬세하고도 윤곽이 뚜렷한 깃털 한 개가 석회암판에서 발견되어 큰 충격을 던졌다. 왜냐 하면 이 돌은 공룡이 살던 시대의 것으로, 이 시기는 조류가 지구상에 나타나기 훨씬 전이었기 때문이다. 그렇다면 그 깃털을 가진 새는 어떤 종류였을까?

1년 후, 그 깃털 화석이 나왔던 바로 근처 채석장에서 조사단은 오늘날의 비둘기 크기만한 깃털 동물의 골격을 발견했다. 학자들은 그것을 고대의 새라는 의미로 '시조새'라고 이름지었다. 그 골격은 석회질 점판에 날개를 활짝 편 누워 있는 자세였다. 그리고 몸 둘레에는 깃털 자국이 선명했다.

그러나 오늘날 우리가 알고 있는 조류와는 상당히 달랐다. 늘어진 긴 꼬리는 깃털로 덮여 있긴 했지만 그것은 척

▲ 시조새의 추정 모습

추의 연장인 미추에 의해 지탱되고 있었다. 또한 다리에 발톱이 있을 뿐만 아니라 턱뼈에 이빨이 나타나 있었다. 위 특징만 보더라도 시조새가 얼마나 파충류와 유사한 특징을 많이 가진 동물인가를 알 수 있다.

시조새는 새라기보다는 파충류였다. 시조새의 깃털은 파충류의 조상들이 가졌던 비늘에서 진화한 것 같다. 이 깃털 덕분에 시조새는 높은 체온을 유지할 수 있었을 것이다. 이 체온 문제는 공룡들이 해결할 수 없었던 큰 어려운 문제였었다. 시조새는 이 따뜻한 깃털 덕분에 기온이 낮은 시간에도 재빠르게 움직일 수 있었을 것이다.

그렇다면 날개 부위에는 왜 깃털이 돋아난 것일까? 날개를 퍼득여 날려면 힘센 근육이 필요하지만, 시조새에는 이런 구조가 전혀 없었다. 시조새 가슴뼈의 크기나 형태로 볼 때 날개 근육은 매우 작으며, 따라서 그 정도로는 하늘을 날아오를 수가 없었을 것이다. 그러면 시조새는 날개를 무엇에 이용했을까? 날개는 오늘날 날도마뱀이 그렇게 하듯, 이 가지에서 저 가지로 활강하는 데 사용되었으리라고 보는 게 타당할 것이다. 물론 시조새는 나무를 기어오를 수 있었을 것이다. 4개의 발가락 중 하나는 앞쪽으로 구부러져 있는데, 이는 세게 쥘 수 있는 힘을 강화하기 위한 것으로 생각된다. 또 날개 앞 끝에 붙은 발톱들은 나무 가지로 기어오르는 데 편리하도록 하는 기능을 했을 것이다.

이런 방법이 나무타기에 얼마나 효율적인가를 증명해 주는 조류가 있다. 호아친새라는 단단한 체격의 새가 바로 그것인데 이 새는 크기가 닭만하고 기아나와 베네수엘라의 늪지대에 살고 있다. 이 새는 흔히 물 위의 홍수림 지대에서 잔가지들로 엉성한 둥지를 만든다. 갓 깨어난 새끼들은 털이 별로 없지만 활동이 매우 활발하다 이 새끼호아친새는 양날개 끝에 작은 발톱을 두 개씩 달고 있는데, 이것은 그들의 조상이 파충류였으며 앞다리 발가락 부분이 변해 날개가 되었다는 것을 증명해주는 흔적인 것이다.

새끼호아친새들이 나무에서 이동하는 모습을 보면, 시조새가 나무 위에서 어떻게 돌아다녔는가 하는 것을 머릿속에 그려볼 수 있다. 다 자란 호아친새는 비행을 한다고 할 수 있다. 왜냐 하면 이 새는 오늘날의 조류처럼 날기 위해 골격을 크게 수정해 왔기 때문이다.

날짐승들의 지상 과제는 그 체중을 줄이는 일이다. 시조새의 뼈는 파충류처럼 단단하였다. 그러나 조류의 뼈는 종잇장처럼 얇거나 속이 비어 있다. 시조새에서는 무거운 등뼈의 연장인 이른바 미추가 꼬리를 지탱하고 있지만, 진정한 조류는 땅딸막한 꼬리깃으로 바뀌어져 있다. 그리고 이빨이나 무거운 턱뼈 대신에 오늘날의 조류는 각질의 가벼운 부리를 가지고 있다.

그러나 부리가 아무리 강하다 해도 먹이를 씹지는 못한

다. 따라서 새는 먹이를 으스러뜨릴 장치가 필요하다. 그래서 새의 위장은 특수한 근육 조직으로 되어 있다. 이러한 특수한 위 조직을 모래주머니라고 한다.

다양한 부리와 깃털

조류의 부리는 특별한 환경에 적응하기 위해 진화했다고 할 수 있다. 부리가 길게 변화해서 극단적인 형태를 취한 종류도 있다.

창부리벌새는 제 몸길이보다 4배나 긴 부리를 가지고 꽃에서 꿀을 빨아먹는다. 마코앵무새는 갈고리형의 부리로 매우 딱딱한 열매까지도 깰 수 있다. 딱다구리는 송곳형의 부리를 발달시켜서 나무에 구멍을 파고 들어가 그 속에 사는 곤충들을 후벼 파 먹는다. 홍학의 부리는 모양이 휘어져 있는데 그 속에는 가는 체가 들어 있어서 물을 들이마셨다가 내뱉을 때 이 체를 침으로써 작은 갑각류가 체에 걸리게 하여 잡아먹는다. 부리의 다양성은 이렇듯 끝이 없고 한이 없다.

새의 먹이는 물고기, 견과류, 논꿀, 곤충의 애벌레, 단열매 등 모두가 고칼로리 식품이다. 공중을 난다는 것은 매우 많은 에너지를 필요로 하기 때문이다. 따라서 열 에너지 형태로 에너지가 낭비되어서는 안 되는데 이 때문에 깃털이라는 단열제는 지극히 중요한 것이다. 깃털은 털가죽보다도 우수하여 얼음으로 뒤덮인 남극 대륙에서는 단 한 종류의 새만이 살아 남았으며 그것이 펭귄이다.

조류들은 깃털을 정기적으로 보통 1년에 한 번씩 털갈이를 하여 해마다 새로운 치장을 한다. 비록 이렇게 털갈이를 하더라도 조류는 자신의 깃털을 항상 손질하고 아낀다. 깃털이 더러워지면 물에 씻고 먼지가 끼면 공중에서 흔들어 턴다.

대부분의 새들은 꼬리 부근 피부에 미지선이 있어서 조류는 부리를 이곳의 기름을 찍어다가 그의 깃털 하나하나에 발라준다. 그래야 깃털이 부드럽고 물이 묻지 않기 때문이다. 미지선이 없는 왜가리, 앵무새 등 몇몇 조류는 특수한 깃털 무더기에서 만든 미세한 가루로 깃털을 다듬는다. 새들은 날지 않는 시간에는 주로 몸매무새를 가다듬는 일에 열중한다. 이 노고의 효과는 공중을 날 때 나타난다. 가지런히 손질된 깃털은 날개를 완벽하게 해주며 머리와 몸뚱이를 유선형으로 만들어 비행 능률을 높여준다.

비행 생활을 포기한 새

어느 동물도 새만큼 빨리, 오래, 그리고 멀리까지 날지 못한다. 그러나 타의 추종을 불허하는 탁월한 비행술을 가졌음에도 불구하고 새들은 기회만 있으면 비행 생활을 포기하려 든다. 이것은 매우 놀라운 일이다. 시조새보다 3천만년 후에 나타난 새들의 화석을 보면 갈매기 모양의 것들이 있다. 이런 조류들도 비행사로서 우수한 자질을 갖추고 있었고 본질적인 점에서 보면 그들은 오늘날의 조류와 같다.

이 새들과 같은 시대에 거대한 몸집으로 수영도 할 수 있는 해거름새가 살았는데 이 새는 크기가 거의 사람만하다고 알려져 있다. 그런데 이미 그때부터 이 새는 날기를 그만두었던 것이다.

날지 않는 새 중 가장 성공적인 경우로 펭귄을 들 수 있다.

지상 생활로 돌아오는 새들의 환원 경향은 오늘날에도 계속되고 있다. 대산호초 일대의 섬에 서식하고 있는 뜸부기들은 뒤뚱거리며 걸어다니는데 매우 위급한 경우에만 힘없이 퍼덕거리며 공중으로 떠오른다. 갈라파고스의 가마우지는 날개가 너무 작아져서 공중에 날아오르지를 못한다. 인도양의 여러 섬에는 날지 못하고 몸집만 큰 비둘기들이 진화되었는데 모리셔스 섬의 도우도우새, 로드리게스 섬의 외톨새 등을 들 수 있다. 이 새들에게는 불행한 일이지만 이 섬들은 이들만의 왕국으로 남지 못했다. 몇 세기 전 인간이 이 섬들에 진출하면서 얼마 못가 이 두 종류의 새는 멸종되고 말았다. 뉴질랜드에서도 몇 종류의 날기를 포기한 새들이 살았었다.

비행 생활을 위하여 새들이 소모해야 하는 에너지는 매우 엄청나다. 만일 지상의 생활이 그다지 위험하지 않다면 새들로서는 구태여 힘겨운 비행 생활을 택할 이유가 없는 것이다. 시조새가 나무 위로 기어올라가기 시작한 것은 육지에 살던 파충류를 피해서였으며 포유 동물들의 계속되는 위협 때문이었다.

▲ 디아트리마의 추정 모습

공룡과 대부분의 파충류들이 사라지고 그 대신 포유류가 지상의 지배자로 군림하기까지에는 수백만년 동안의 공백기가 있었다. 그 기간 중에 새들은 지배자의 왕좌를 차지해 보려고 노력했던 것 같다. 지금부터 6천5백만년 전에 디아트리마라고 불리우는 거대한 날지 않는 새가 와이오밍주의 평원을 누볐었다. 이 새는 사냥꾼이었다. 사람보다도 키가 컸으며, 크고 무시무시한 도끼형의 부리를 가졌었다.

수백만년 후 디아트리마는 사라졌지만, 날지 못하는 큰 종류의 새들 가운데 몇몇 무리는 오늘날에도 생존한다. 타조, 카수아리새가 그 예이다. 이들은 디아트리마와 가까운 친척은 아니지만 더 윗대의 조상으로 거슬러 올라가면 아주 오래 전에는 유연관계가 있었다고 볼 수 있다.

그렇지만 결국 디아트리마 같은 조류는 성공적인 사냥꾼이 될 만큼 머리가 명석하질 못했다.

한편 한 동물 집단이 그들을 피해서 살고 있었다. 그들은 그 당시에는 몸집이 작고 보잘 것 없는 동물에 불과했지만 상당히 활동성이 강했다. 그들은 조류와 마찬가지로 온혈이었지만 깃털이 아닌 털가죽으로 자신들의 체온을 유지했다. 그들이 최초의 포유류였다. 바로 이들의 후손이 결국에 가서 조류를 하늘로 몰아내고 육지를 물려받게 되었다.

숲과 사냥꾼

파충류의 지배 기간은 매우 길어서, 약 2억 5천 만년 동안을 육지의 강자로 군림했었다. 이 파충류들은 숲에서 나뭇잎을 따먹거나 늪지대의 우거진 식물을 뜯어먹기도 했고, 육식을 하는 놈도 생겨나 초식 동물을 잡아먹으며 살았는가 하면 어떤 종류는 다른 것들이 버린 썩은 고기를 주워먹으며 살기도 했다. 사경룡과 어룡은 물고기를 찾아 바다를 돌아다녔고, 익룡은 하늘을 활강하며 날아다녔다. 그러다가 6천5백만년 전에 이 모든 동물들은 멸종하여 사라져 버렸다.

공룡들이 사라지자 지상의 숲에는 평온이 찾아 들었다. 이제 숲은 고요했다. 꽃식물이 나타난 직후인 5천만년 전의 숲의 모습은 오늘날의 숲의 모습과 별로 다를 바가 없다.

이런 평화스러운 상태는 수천년 동안 계속되다가 드디어는 공룡이 있을 때 그 발치 아래에서 뛰어다니며 벌레를 잡아먹고 살던 작은 온혈 동물들이 새로운 먹이에 맛을 들이기 시작했다. 그러나 식물을 먹는다는 것은 쉬운 일이 아니다. 우선 식물에는 영양분이 별로 없다. 따라서 필요한 만큼의 열량을 섭취하기 위해서는 많은 양을 먹지 않으면 안 된다. 어떤 초식 동물은 나뭇잎이나 가지를 모으고 씹어먹는 데에 깨어 있는 활동 시간의 4분의 3을 보내는 것도 있다.

이런 동물은 벌판에 나가 있는 시간이 많기 때문에 큰 위험을 감수해야만 한다. 이 위험을 줄이는 한 가지 방법은 빠른 동작으로 많은 양을 모아 가지고 안전한 장소로 도망치는 것이다. 이들은 밤에 구멍에서 조심스럽게 나와 위험이 없는 것이 확실하면 먹을 수 있게 보이는 것은 무엇이든지 닥치는 대로 볼주머니에 쓸어담는다. 열매, 씨앗, 과일, 뿌리, 때로는 달팽이나 딱정벌레까지 주워 넣는다. 이 볼주머니는 매우 커서 그 입으로 2백 번 정도는 먹을 수 있는 분량을 담을 수 있다. 양쪽 볼주머니에 모두 꾹꾹 눌러 담은 뒤 가까스로 입을 다무는데 이때 볼이 잔뜩 부풀어 있기 때문에 심한 볼거리를 앓는 것처럼 보인다. 그들은 종종걸음을 치면서 굴로 돌아와서, 땅 속 창고에 들어가 모아 온 것을 모두 털어내고 먹기 시작한다.

초식 동물의 소화 과정

초식 동물은 특히 이빨이 좋아야 한다. 이빨을 오랜 동안 사용할 뿐만 아니라 먹는 것이 대개는 딱딱한 것이기 때문이다.

일단 씹어서 넘긴 음식은 소화가 되어야만 하는데 이것 역시 쉬운 문제가 아니다. 식물의 세포막을 형성하는 물질은 매우 질겨서 소화액만으로는 그것을 파괴시킬 수가 없기 때문이다. 그런데 박테리아 중에는 이런 물질을 용해시킬 수 있는 효소를 만들어내는 희귀한 능력을 가진 것이 있는데, 초식 동물은 이것을 위 속에서 배양하고 있다.

이렇게 박테리아의 도움이 있어도 식물성 먹이를 완전히 소화하는 데는 많은 시간이 걸린다.

코끼리의 경우는 특히 문제가 어렵다. 왜냐 하면 코끼리는 나뭇잎뿐만 아니라 다량의 나무 가지 등을 먹기 때문이다. 더우기 상아를 제외하면 코끼리의 유일한 이빨은 입의 안쪽에 있는 어금니뿐이다. 코끼리의 어금니는 굉장한 힘으로 먹이를 갈고 부수지만 그래도 코끼리가 먹는 것은 목질이 많아서 소화엔 긴 시간이 걸리게 된다. 사람의 경우, 한 번 먹은 음식이 정상적으로 체내를 통과하는데 대략 24시간이 걸리는데, 코끼리는 이틀 반이 걸리게 된다. 음식물은 이 시간의 대부분을 위 안의 소화액 속에 잠겨 있으

▲ 초식동물은 발달된 앞니를 이용하여 먹이를 먹는다.

면서 소화가 이루어진다.

고대에 어떤 공룡들은 고사리와 소철을 먹고살았기 때문에 똑같은 문제에 부딪쳤는데 그들은 그 문제를 코끼리와 같이 자신들의 몸집을 크게 하여 해결했었다.

식물성 먹이를 소화하는 데 사용되는 소화 기관으로 가장 섬세한 것은 우리가 잘 아는 사슴, 들소 및 양이나 소 같은 가축의 소화 기관이다. 이들은 아래쪽 앞니로 풀을 물고는 그것을 혀나 위턱 잇몸으로 눌러 자른 다음 곧바로 삼켜버린다.

이 풀은 첫째위로 내려가는데, 여기는 박테리아가 특히 많이 있는 곳이다. 여기에서는 위벽 근육질의 작용으로 주물럭거려지면서 앞뒤로 휘저어지는 동안 박테리아가 작용을 한다. 이 풀은 한 번에 한 입씩 목구멍으로 넘어와서 어금니로 더욱 잘게 씹혀진다.

이 반추 동물의 되새김질은 한가하고 안전할 때, 즉 그늘에서 쉬는 동안에 진행된다. 두 번째로 삼켜진 먹이는 첫째위를 그냥 통과하여 엄격한 의미의 위 속으로 들어간다. 여기에서 음식물은 흡수되어 몸 전체로 퍼져 나가는 것이다.

겨울나기

나뭇잎은 먹이로서 또 하나 커다란 결점이 있다. 온대 지방은 겨울이 되면 많은 나뭇잎이 완전히 자취를 감추기 때문이다. 따라서 이것을 먹고 사는 동물들은 추운 겨울을 위하여 특별한 준비를 해야만 했다. 즉, 가능한한 많이 먹어서 자신의 몸을 잔뜩 살찌게 한 다음, 몇 개월 동안 겨울잠을 자는 것이다.

산쥐류는 가을이 되면 몸이 거의 공 모양이 될 정도로 살이 찐다. 그러면 알맞은 구멍을 찾아 들어가서는 온몸을 동그랗게 구부린 다음 부드러운 털이 나 있는 꼬리로 몸을

감아 꽉 조이고 겨울잠에 들어간다.

겨울잠을 자는 동안에는 맥박도 천천히 뛰며, 호흡도 얕고 횟수가 적어 숨소리조차 감지하기가 어려울 정도이다. 근육은 빳빳하고, 몸뚱이는 마치 돌처럼 차갑게 느껴진다. 이렇게 활동을 정지한 상태에서는 열량 소모의 속도가 매우 느려 저장되어 있는 지방만으로도 몇 개월 동안은 충분히 견딜 수가 있는 것이다. 다른 동면 동물처럼 산쥐류도 따뜻한 봄이 오면 굴 밖으로 나온다. 겨울 동안 체중이 거의 절반으로 줄어버린 이 때 이들의 식욕은 매우 왕성하다. 그러나 이제는 새싹이 돋아나 굶주리는 일은 없다.

이런 방식으로 수많은 동물들이 세계 도처의 숲 속에서 자라나는 식물성 먹이를 먹고 살아간다.

숲 속의 독립 생활

숲 속에서 사는 모든 동물들은 큰 것이나 작은 것이나 모두 독립 생활을 한다. 그늘진 숲 속에는 큰 무리들이 먹고 살 수 있을 만큼 나뭇잎이 많지 않기 때문이다. 그래서 그들의 대부분은 혼자서 또는 쌍으로 살아간다.

이들은 각자 자기 구역이 있는데, 각자의 구역을 자신들의 똥이나 눈에 잘 띄는 다른 분비물로 표시를 해 둔다. 이들을 잡아먹고 사는 동물도 역시 독립 생활을 한다. 이런 동물 가운데 고양이는 육식을 하기에 가장 전형적인 동물이다. 날카로운 발톱이 발 끝에 숨겨져 있다가 공격을 할 때는 이것으로 동물을 꽉 움켜잡고 날카로운 이빨로 목을 물어뜯은 다음, 척수를 끊어버려 빨리 죽게 만든다.

앞니 바로 뒤쪽에 있는 길고 칼날같이 생긴 송곳니는 육식 동물의 가장 전형으로 먹잇감의 살가죽을 찢을 수 있고, 턱의 뒤편에 있는 톱날칼은 이빨은 또 뼈를 자를 수도 있다. 개나 고양이는 실제로는 씹을 줄 모르는 동물이다.

대부분 그저 뜯어 삼키기만 한다. 나뭇잎이나 잔가지보다 훨씬 소화가 잘 되기 때문에 지장이 없다.

밤에 매복해 있으면서 먹이를 찾아내는 습관, 공중을 활강하거나 먹이를 덮치는 습관은 이런 숲이 생겨나던 당시 초식 동물과 육식 동물 사이의 싸움에서 발달한 것이라 할 수 있을 것이다. 그러나 약 2천5백만년 전, 중요한 변화가 일어났다. 초원이 생겨나서 초식 동물들이 그늘 밖으로 나오게 되었던 것이다. 그리고 다른 종류의 동물 역시 사냥을 하기 위해서 초원으로 몰려나갔다.

▲ 상위포식자로 송곳니가 발달한 표범

천하무적 고릴라

나무를 오르내리면서 생활하기 위해서는 두 가지 능력을 갖추어야 한다. 거리를 측정하는 능력과 나뭇가지를 잡을 수 있는 능력이다.

이것은 하나의 사물에 초점을 맞출 수 있는 두 눈만 있으면 첫번째의 능력으로는 충분하고 물체를 잡을 수 있는 손가락이 있으면 두 번째 문제도 해결되는 셈이다.

이러한 두 가지의 신체적 특징을 갖추고 있는 동물은 약 2백 종이 있다. 원숭이, 유인원, 그리고 우리 인류가 여기에 포함되며 이런 류의 동물을 영장류라고 부른다.

원숭이류는 후각보다는 시각을 수단으로 행동을 한다. 숲이나 나무 사이를 뛰어다니며 사는 동물들에게는 자신의 목적지를 눈으로 확인한다는 것은 더없이 중요한 일이기 때문이다. 따라서 이들에게는 밤보다 낮이 훨씬 생활하기 쉽고, 그렇기 때문에 남아메리카의 두리쿨리원숭이를 제외한 모든 원숭이류는 주행성이다.

이들의 시력은 원원류보다 좋다. 훨씬 멀리 볼 수 있을뿐만 아니라 색채 감각도 놀라울 정도로 발달되어 있다. 이들은 이 좋은 시력으로 멀리 떨어져 있는 열매가 무르익었는지 아닌지, 나뭇잎이 싱싱한지 아닌지를 알아낸다. 이들 원숭이는 서로간의 교류에도 색깔을 이용할 줄 안다.

아프리카에는 흰 수염에 푸른 눈자위, 오렌지빛의 이마와 검은 모자를 쓴 듯한 드브라자원숭이와 붉고 푸른 얼굴의 만드릴원숭이가 산다.

중국에는 황금빛 털에 푸른 얼굴을 한 눈원숭이가 있고, 아마존 밀림에는 털이 없는 주홍빛 얼굴의 와카리원숭이가 있다.

이들이 가장 색깔이 현란한 편이지만 색깔이 현란한 털과 피부를 가진 원숭이는 그밖에도 얼마든지 있다. 이런 현란한 몸치장으로 원숭이는 자기를 과시하거나 다른 동물의 위협하고 자기네 집단을 알린다.

이들 원숭이는 소리도 다채롭게 구사한다. 나무 사이를 교묘하게 재주를 넘으며 뛰어다니기 때문에 독수리 정도가 아니면 자신을 노리는 자에 대해서도 걱정을 하지 않는다. 따라서 자신의 존재를 굳이 감출 필요도 없다.

남아프라카의 짖는 원숭이는 아침 저녁으로 합창을 한다. 이 합창 소리는 수 킬로미터까지 들리고, 동물 가운데서 가장 시끄러운 소리를 내는 동물이라고 한다.

다른 모든 원숭이들도 소리를 지르는데 그 소리는 꽤 다양하다. 그렇지 못한 원숭이로는 벙어리원숭이뿐이다.

영리한 짧은꼬리원숭이

짧은꼬리원숭이는 영장류 가운데 가장 뛰어난 편에 속한다. 영리하고, 재주 있고 진취성이 있으며 사교성도 있다. 짧은꼬리원숭이는 약 60가지의 서로 다른 종과 아종이 있는데 서식지는 지구의 반 바퀴에 걸쳐 고루 분포되어 있다. 가장 북쪽에 서식하고 있는 것도 바로 짧은꼬리원숭이

이다. 일본에 서식하는 이 짧은꼬리원숭이는 추운 겨울을 이겨내느라고 털이 길고 텁수룩하게 발달되어 있다. 또한 두뇌도 여우원숭이와 비교해 보면 확실히 크다. 학습 능력을 조절하는 두뇌의 부분도 발달되어 있다.

일본의 짧은꼬리원숭이는 원숭이가 얼마나 학습능력이 뛰어난가를 잘 보여준다. 이중 한 무리는 겨울이면 눈이 많이 쌓이는 일본의 북부 고산 지대에 서식하고 있다. 일본의 동물학자들은 이들 원숭이가 전에는 한번도 가본 적이 없는 숲으로 자기네 영역을 확장하는 것을 보았다.

이 지역에는 뜨거운 온천 지대도 있었는데 원숭이들은 이 온천을 조사해 보고 나서 그 중 몇 마리는 실제로 온천에서 목욕을 했고, 이 습성은 곧 모든 무리에게 전파되었다. 지금은 그곳 원숭이 모두가 겨울마다 뜨거운 온천에서 목욕하는 것을 즐긴다고 한다.

이렇듯 동료로부터 배우는 능력은 한 공동체가 같은 기술과 지식, 행동 방식을 함께 나누어 갖게 한다. 즉, 하나의 문화를 갖게 하는 것이다.

직립 생활하는 유인원

그 시절, 하등 영장류의 일종은 체구가 점점 크게 변하고 있었다. 그래서 나무 사이를 뛰어다니던 이들의 생활 방식에 변화가 일어났다.

가지 위에서 균형을 잡거나 가지를 타고 달리는 대신 나뭇가지에 매달리게 된 것이다. 나뭇가지에 매달림에 따라 육체적인 변화가 오게 되었다. 팔이 길어진 것이다. 즉, 길수록 멀리 있는 사물을 쉽게 잡을 수 있었던 것이다. 꼬리는 균형을 잡는데 이제 아무 도움이 되지 않았고, 따라서 없어지게 되었다.

몸을 바로 세우기 위해 몸의 근육조직과 골격도 변했다. 이 변화로 최초의 유인원이 생겨났는데, 오늘날에도 그 대표적인 것으로 네 종류가 살아있다. 아시아의 오랑우탄, 긴팔원숭이, 그리고 아프리카의 고릴라와 침팬지가 그것이다.

몸집이 큰 오랑우탄

보르네오와 수마트라에 서식하는 몸집이 크고 붉은 털을 가진 오랑우탄은 현재 나무에서 생활하는 동물 중 몸무게가 가장 많이 나간다.

수컷은 키가 1.5미터, 팔길이가 2.5미터, 몸무게는 자그만치 2백킬로그램에 이른다. 이들의 큰 몸집은 생활에 불편을 주는 점도 있는 것 같다. 나뭇가지는 이들의 체중을 못이겨 부러진다. 이들의 체중을 이겨내지 못할 가지의 끝

▲ 덩치가 큰 수컷 오랑우탄

에 과일이 달려 있어서 이 나무에서 저 나무로 옮겨다니는데도 문제가 생긴다. 수컷들은 덩치가 너무 커 이들은 먼 곳까지 가야 할 일이 있을 때마다 나무에서 내려와 쿵쿵거리며 바닥으로 걸어간다. 수컷은 어미의 품을 떠나자마자 곧 혼자서 여행하고 혼자서 먹는다. 다만 짝지을 암컷을

▲ 새끼를 돌보는 암컷 오랑우탄

구할 때만 무리를 찾는다.

오랑우탄 암컷은 수컷의 반 정도의 크기이지만 이들 역시 독립 생활을 하는데, 숲을 여행할 때는 새끼만 데리고 다닌다. 오랑우탄의 이런 성향은 몸의 크기와 관련이 있는지도 모른다.

그들은 과일을 먹고사는 데 몸집이 크기 때문에 필요한 열량을 충당하자면 매일 상당량의 열매를 따야 한다. 그래서 오랑우탄은 먹이를 찾으러 장거리 여행을 하지 않을 수 없고, 스스로 먹이를 찾아다니게 되었다.

천하무적 고릴라

중앙아프리카에서 서식하는 유인원인 고릴라는 대개 땅 위에서 산다.

어린 고릴라는 종종 나무 위로 오르지만 꽤 조심스럽게 오르곤 한다. 고릴라의 발은 오랑우탄의 발과 달라서 나뭇가지를 잡을 수가 없기 때문이다.

그래서 두 팔이 몸을 일으켜 세우는 중요한 임무를 떠맡는다.

▲ 두 팔로 몸을 지탱하는 고릴라

완전히 다 자란 수컷의 덩치는 엄청나게 크다. 체중이 2백75킬로그램에 달하는 것도 있어서 웬만큼 큰 나무가 아니면 올라갈 수도 없다. 또한 나무에 올라가지 않아도 구할 수 있는 쐐기풀, 갈퀴넝쿨, 덩쿨식물, 대형 셀러리 같은 식물을 먹고살기 때문에 나무에 올라가는 일은 거의 없다.

고릴라는 12마리 정도의 가족 단위로 생활하는데, 그들을 한 마리의 수컷이 이끌어 나간다. 이들은 조용히 앉아 풀을 먹는데 천천히 큰 손 가득 풀줄기를 쥐어 뜯어먹는다. 그리고는 쐐기풀이나 갈퀴넝쿨 위를 뒹굴다가 서로의 털을 손질해 주기도 한다. 그들은 대개 조용히 앉아 지낸다. 간간이 낮게 꺽꺽거리는 듯한 소리를 나누기도 한다. 온순한 고릴라의 성격은 그 먹이와, 먹이를 얻기 위해 고릴라가 하는 일과 관계가 있다. 고릴라는 초목을 주식으로 하는데 이 초목은 아무리 잘라먹어도 곧 싹이 돋아난다. 또한 덩치가 크고 힘이 세어서 적이 거의 없다. 따라서 고릴라는 적으로 인해 몸과 마음이 괴로움을 당하는 일도 없는 것이다.

도구를 사용하는 침팬지

아프리카에 서식하는 유인원인 침팬지는 고릴라와 먹이가 전혀 다르다. 따라서 성미도 다르다.

고릴라는 24종류의 나뭇잎과 열매를 먹는데 비해 침팬지는 먹이가 자그만치 2백 종류가 넘는다. 여기에는 흰개미, 개미꽃, 조류의 알, 심지어는 원숭이 같은 작은 포유동물도 포함된다. 그러자니 침팬지는 자연히 행동이 빠르고 호기심이 강할 수밖에 없다.

침팬지는 나무에 잘 오르고 나무 위에서 자고 먹는다. 또한 여행하는 버릇이 있고 깊은 밀림에서도 쉴 때는 땅바닥에서 쉰다.

이들은 네 발로 걸어다니는데 손은 아래로 향하게 하고 팔을 빳빳하게 세워 어깨를 곧추 세운다. 무리가 목적지에 이르러 땅바닥에서 휴식을 취할 때도 이들은 활동을 멈추지 않는다. 어린 것들은 나무로 기어올라가 술래잡기와 나무에서 밀어 떨어뜨리기 놀이를 한다. 새끼와 어미와는 관계는 특히 친밀하다. 새끼고릴라는 태어나자마자 그 가냘픈 손으로 어미의 털을 잡고 매달린다. 무리가 이동할 때면 어미의 등에 올라타기도 하는데, 새끼고릴라는 다섯 살가량이 될 때까지 어미와 거의 붙어 지낸다.

이처럼 새끼가 어미고릴라에게 의지하는 버릇은 침팬지 사회에서 매우 중요한 역할을 하는데 새끼는 매달려 지내는 동안 어미로부터 많은 것을 배우게 되는 것이다.

어미고릴라는 가까이서 새끼고릴라가 자라는걸 지켜보며 새끼의 행동을 감시하고 위험에서 구해 주기도 하는 등

▲ 도구를 사용할 수 있는 침팬지

새끼에게 살아가는 방법을 보여주는 것이다.

침팬지는 강한 호기심 덕택에 도구를 이용할 수 있게 되었다. 침팬지 무리는 흰개미탑을 찾아가기도 하는데, 이윽고 흰개미탑에 이르면 이들은 잎을 몽땅 따낸 나뭇가지로 구멍을 쑤시는 것이다. 그러면 흰개미들은 침입자들로부터 자신의 보금자리를 지킨답시고 나뭇가지 끝에는 병정 흰개미가 잔뜩 붙어 입으로 나뭇가지를 물고 따라 나온다.

침팬지는 이 나뭇가지를 입 안에 넣고 개미를 훑어 씹어

먹는다. 이렇듯 침팬지는 도구를 사용할 뿐만 아니라 만들기까지 하는 것이다.

땅을 생활의 터전으로 삼고 냄새로 자신들의 영역을 표시하던 그들이 나무 위의 생활로 이동해 간 이 변화는 초기 영장류가 오래 전에 이룩한 것이었다.

이 변화는 다시 사물을 쥐는 손, 뛰어난 시력으로 이어졌다. 이런 변화에 힘입어 원숭이와 유인원은 나무 위에서의 생활에 상당한 성공을 거두었다.

몸집이 불었기 때문이건, 아니면 다른 이유 때문이건 다시 땅 위로 돌아온 이들은 새로운 환경에 잘 적응했다. 두뇌가 커시사 학습량을 늘릴 수 있었고 집단의 문화가 시작되었다. 또한 사물을 조작할 수 있는 손과 두 눈은 연장을 사용하게 해 주었다.

오늘날 이런 기술을 연마하고 있는 영장류는 2천만년 전 아프리카에 유인원의 조상이 처음으로 나타난 직후 먼 갈래의 친척 영장류들이 시작했던 과정을 반복하고 있는 것이다.

도전 리틀과학자

공룡시대와 생명의 신비

2018. 6. 28 인쇄
2018. 7. 3 발행

글 대한과학진흥회
그림 정동철
펴낸이 신 주 황
펴낸곳 스완미디어
등록 제2-4534호
주소 서울시 중구 중림동 128-15 구본빌딩
홈페이지 www.swanmedia.co.kr
대표전화 02) 393-0026
팩스 02) 312-8349

ISBN 978-89-92565-92-9
ISBN 978-89-92565-70-7 (SET)

값 9,800원